本书为教育部人文社会科学研究青年基金西部和边疆地区项目"半干旱区、半湿润区墓葬壁画水盐运移规律及原址保护研究"（22XJC780001）成果

本书受咸阳师范学院学科带头人项目（XSDT202114）、咸阳师范学院校级出版专著资助项目（2024XSYZ002）、咸阳师范学院重点学科历史学资助

墓葬壁画
水盐运移规律
及预防性保护

——以半湿润区、
半干旱区为例

戎岩◎著

中国社会科学出版社

图书在版编目（CIP）数据

墓葬壁画水盐运移规律及预防性保护：以半湿润区、半干旱区为例 / 戎岩著. -- 北京：中国社会科学出版社，2025. 9. -- ISBN 978-7-5227-5424-6

Ⅰ. K879.414

中国国家版本馆 CIP 数据核字第 202540QT94 号

出 版 人	季为民
责任编辑	李凯凯
责任校对	夏慧萍
责任印制	李寡寡

出　　版	中国社会科学出版社
社　　址	北京鼓楼西大街甲 158 号
邮　　编	100720
网　　址	http：//www. csspw. cn
发 行 部	010 – 84083685
门 市 部	010 – 84029450
经　　销	新华书店及其他书店

印　　刷	北京明恒达印务有限公司
装　　订	廊坊市广阳区广增装订厂
版　　次	2025 年 9 月第 1 版
印　　次	2025 年 9 月第 1 次印刷

开　　本	710×1000　1/16
印　　张	14.25
字　　数	226 千字
定　　价	75.00 元

凡购买中国社会科学出版社图书，如有质量问题请与本社营销中心联系调换
电话：010 – 84083683

前　言

墓葬壁画是我国文化遗产中重要的分支。目前，我国各地区壁画墓葬有 600 余座，其中北方地区数量占据大部分比重。墓葬壁画存在各类病害，其中盐析病害是最难治理的病害之一，其主要表现为酥碱、空鼓、起甲、疱疹、盐霜、龟裂及脱落等。对于结构不稳定、揭取风险较大的墓葬壁画，国内外多以原址保护为主。而原址保护中微环境复杂，水—热—盐耦合作用是导致的壁画盐析病害产生的主导因素。原位治理盐析病害一直是该学科的世界性学术难题。

本书针对半湿润区、半干旱区墓葬壁画进行调查分析，结合壁画的赋存环境，对出现的盐析病害形式进行成因分析。通过陕西师范大学模拟壁画墓室环境及实验室垂直土柱进行壁画土体水盐运移规律研究，探究基于水—热特征的壁画土体水盐运移过程及相互作用机理，以期为壁画的修复与保护提供依据。基于墓葬壁画的盐析病害特征，研究了 H_3PO_4 – Ba（OH）$_2$ – TEOS 体系多点原位交联加固及盐析抑制的综合保护方法，并运用于墓葬壁画的保护修复。基于此，本书主要从以下方面进行研究。

（1）介绍了壁画的分类、结构、制作过程；壁画盐析病害的影响因素；墓葬壁画盐析病害类型；国内外壁画保护概况及盐析保护进展情况；本书的研究意义及研究内容。

（2）针对半湿润区、半干旱区墓葬壁画产生盐析病害的类型及成因进行分析；采用 PHS – 3C 型酸度计、离子色谱仪、液塑限仪等对不同高度处土样土壤性能及离子含量进行分析，并采用 SEM、EDX、XRD、激光粒度仪等对产生盐析病害的壁画地仗层土样进行表征，揭示出硫酸盐和氯盐是造成壁画土体产生盐析病害的主要盐类，且在纵向上具有一定的分布规律。从宏观和微观角度对墓葬壁画盐析病害进行调查研究，以期为后期的科学保护提供参考依据。

（3）基于土壤水—热—盐特征对模拟壁画墓室中水盐运移规律进行探究。借助土壤传感器对不同高度处壁画土体温度、含水率及电导率进行实时监测。结果表明墓室内微环境受到外部环境的影响，具有明显的季节性波动。在土壤水分的带动下，可溶盐在纵向上的迁移作用显著。随着微环境的温湿度循环变化，可溶盐反复溶解—结晶，最终表聚于壁画表面，易于出现在春季、冬季。基于垂直土柱法研究了硫酸盐及氯化盐纵向水盐运移规律。采用传感器实时监测土壤不同高度处含水率及电导率的变化规律，结果显示纵向上电导率与含水率呈负的相关性，含盐量与电导率呈正相关性。利用 SEM、XRD、离子色谱仪等手段对土样进行表征，结果显示 Na^+、Ca^{2+}、Cl^-、SO_4^{2-} 等离子在土壤纵向上随水分迁移作用显著，且在单向蒸发作用下，主要聚集于土柱表面下 10cm 内。从微观和宏观表现的角度揭示水盐运移规律，对制定墓葬壁画的保护措施具有重要的理论价值和现实意义。

（4）研制了 $H_3PO_4 - Ba(OH)_2 - TEOS$ 体系多点原位交联加固保护剂。对比该材料与几种常用壁画加固保护剂的加固效果，借助分光光度计、拉拔仪、万能材料实验机、XRD 等表征手段对模拟壁画颜料层及模拟土体加固后的评价分析，结果表明该加固剂具有良好的渗透性、透气性、适宜的加固强度等优点，且对壁画表面颜料层色差影响较小，符合文物保护最小干预、不改变原貌等原则。加固样块经浸泡盐析后，经干湿循环、冷热循环老化作用后进行附着力表征，结果表明该加固方法具备一定的耐盐老化特征。将加固剂用于现场模拟墓葬壁画的加固，对加固后的土体进行渗透深度、微观孔隙结构、耐水性等的表征，结果显示该加固方法具有渐进式、深渗透性、原位加固、耐水性等特点。通过化学交联作用将土壤团粒结构固定化，能对壁画表面及土体孔隙起到加固作用。

（5）研究了四水八硼酸钠对壁画盐析的抑制作用，经 1%—5% 四水八硼酸钠处理后的壁画模拟样选取不同浓度盐溶液浸泡后，通过外观观察，辅以弹性波检测、XRD、FTIR、Zeta 电位等手段，对四水八硼酸钠对壁画模拟样块盐析的影响作用进行表征。结果显示，一定浓度的四水八硼酸钠处理壁画模拟样块后对壁画结构层中可溶盐盐析具有显著的抑制作用。综合运用 H_3PO_4 – Ba（OH）$_2$ – TEOS 体系加固保护及四水八硼酸钠抑制保护方法对模拟墓葬墓室中壁画进行处理，采用 SEM、孔径分析、FT – IR 对处理后土样进行表征，通过分光光度计对颜料层表观及表面反射率进行表征。结果显示该综合方法可有效提高壁画的抗盐化作用，对壁画盐析病害的保护处理具有一定的积极意义。

（6）墓葬壁画保护修复应用案例。针对丁家闸五号壁画墓出现的酥碱、起甲等病害有针对性地制定保护对策。采用多点原位交联加固及盐析抑制综合保护方法对酥碱壁画进行加固，并应用课题组前期研制的 ZB-F600 回位修复剂对起甲病害进行回位修复保护。通过一定时期的时效考验，上述保护方法效果良好，具有一定抗盐化作用。

目　　录

第 一 章

绪　　论

第一节　引言

　　壁画是重要的文化遗产，我国新石器时期已存在一定形式的表现[①]，商周时礼制殊隆，壁画因特有的展现艺术的能力受到追捧，春秋战国时，壁画已流行于南北各地。[②] 墓葬壁画是壁画文化遗产中的重要分支，我国古代墓葬壁画主要由支撑体、地仗层及颜料层三部分组成。墓葬壁画经挖掘出土后，长期深埋地下，受环境温湿度、土壤含水量、可溶盐分布状况、地下埋深水位、土壤质地等多种因素的影响。在可溶盐盐析作用下，极易产生酥碱、起甲、空鼓、疱疹、盐霜、龟裂及脱落等病害形式[③]，且往往受出土壁画保存状况、保护技术水平、现场保存条件等因素所制约，原址保存难度较大。若不加强治理，最终会失去它原有的艺术价值、历史价值和科学价值。[④] 因此，对于墓葬壁画微环境进行系统研究，为有效调控微环境提出合理的对策，以期为墓葬壁画原址保护提供更多的科学依据。

　　古代壁画是珍贵的历史文化遗存，是人类历史上最早的绘画形式之一，具有极高的历史、艺术和科学价值。依据现代文物保护理念，原址保护是展现壁画及遗存完整性和真实性的最佳保护方法。国际上，对壁

---

　　① 李晓东:《中国壁画史》，北京工艺美术出版社2012年版，第3—15页。
　　② 许宝哲:《中国墓室壁画发展脉络浅见》，《文物世界》2005年第3期。
　　③ 王书文、骆岩红、黄伟等:《敦煌壁画数字图像修复中遇到的挑战》，《西北民族大学学报》（自然科学版）2009年第2期。
　　④ 弋长安:《唐墓壁画的发掘与保护》，《文博》1992年第2期。

画类文化遗产保护的基本原则是对构成遗址的各要素原址一体化保存。虽然国内外对于墓葬壁画的保护，已取得了大量科研成果和经验积累，但由于保护技术、经济条件的制约，甚至面临人为破坏的风险，其原址保存仍存在一定问题，特别是墓葬壁画因盐析产生的病害治理问题是文物保护领域的一大难题和亟须解决的重大科研攻关课题，需要持续不断的科学保护技术探索和保护理念的创新。本章内容主要概述古代壁画的分类与制作工艺、古代墓葬壁画盐析病害的影响因素及病害类型、国内外壁画保护概况及盐析保护进展情况以及本书的选题意义及研究内容。

第二节　古代壁画的分类及制作工艺

一　古代壁画的分类

（一）按绘画载体分类

包括岩石壁画、寺观壁画、石窟壁画、墓葬壁画四类，题材有山川风物、神话传说、人物肖像、历史故事等。就其目前遗存的数量而言，以石窟壁画最多，对石窟壁画的保护研究也最多、最深入、最全面、最重要。[①] 新石器时代，运用矿物颜料等绘于壁面上，或用石质工具雕凿于岩石上，称为"岩石壁画"。这种岩石壁画就是我国最早时期的壁画艺术，我国各地区都有岩石壁画的发现，其内容以狩猎、舞蹈、生活、图腾为主，内蒙古阴山岩画是最早的岩画之一。魏晋时期的砖画是直接在砖上作画，像在嘉峪关附近发现的一系列 3 世纪建造的砖室墓的装饰风格极为独特。墓中的砖上分别有用鲜艳的颜色和流畅的线条描绘的壁画，各个独立，连续起来看仿佛是连环画一样。唐代是墓葬壁画发展的鼎盛时期，场面宏大，色彩瑰丽，以后逐渐衰落。

（二）按绘制工艺分类

分为干壁画和湿壁画。[②] "干壁法"即干壁画，所用的材料和方法较多，一般是指用颜料（包括水溶性的和油溶性的，古代颜料多为矿物颜料）在干固的基底上作画，基底有粗地或细地灰泥抹成的壁面，中国传

---

① 托拉克、李最雄：《洞窟壁画的环境保护》，《敦煌研究》1987 年第 2 期。
② 郭宏：《古代干壁画与湿壁画的鉴定》，《中原文物》2004 年第 2 期。

统壁画大多数属于此类。一万年以前的西班牙阿尔塔米拉洞窟壁画和以后的埃及古代壁画都是干壁画，中国到元代才有湿壁画。"湿壁法"也叫作湿性壁画，湿壁画技术的出现，可追溯到远古时代，湿壁法的墙壁做法和干法一样，是一种画在潮湿未干的石灰底子墙面上的绘画。底子分为粗底和细底两种，粗底用石灰浆与细石英砂加水混合抹成，细底只用石灰浆抹成。为了使这些壁画底子更坚固，在灰泥中可以掺进适量的麦秆、稻草、麻纤维物和小牛犊毛等。这种壁画的优点，在于画面结实，经久不坏。当墙壁抹平后，没有十分干燥时（七八成干），画师即着笔绘画，水墨及颜料立即被墙壁吸收，互相结合，干了之后，绘画和壁画便结合在一起，凝成一个整体了，因而非常坚固。敦煌莫高窟的魏晋壁画，大部分采用这种方法制作。如254窟的《萨睡那太子舍身饲虎图》和249窟的《狩猎图》都属于"湿性壁画"，经过一千多年后，壁面颜色仍然非常坚实。但绘制这种壁画的画师，技巧需纯熟，因为不能在干壁上作业，须分段完成，纸稿上要有计划的分块，每一块必须当天画完，墙面也是一块画完再做下一块，工艺比较严格。[①]

二 古代壁画地仗层制作工艺

壁画的地仗制作方法，依据古籍《汉宫典职》《营造法式》[②] 及实例等，将汉代至明清时期历代壁画的地仗制作方法，列于表1-1。

表1-1 壁画结构和制作方法

时代	地仗结构和制作方法	实例和典籍	说明
汉	以胡粉为涂层，紫青颜色打格子，后画古列士	《汉宫典职》记载	这种方法沿用至宋元明
北魏	壁面多用黄土粗泥拌麦秸作拉筋，依墙抹制，捶紧压平即可	敦煌石窟等	壁质略显粗糙

---

① 梁运清：《壁画的种类、材料和制作》，《美术》1984年第8期。

② （宋）李诫：《营造法式》，人民出版社2011年版，第56—62页。

续表

时代	地仗结构和制作方法	实例和典籍	说明
唐	壁面用粗细两层黄土泥抹成底层,粗泥内拌麦秸作筋,压抹牢固,第二层用麻筋细泥,压平抹光,然后作画	唐代关中地区墓葬壁画	从晚唐至宋代,画师们开始在第二层细泥内加入沙子和胶泥,从而增强了壁质的坚固性和柔韧性
宋	先用粗泥混合竹篾(北方地区无竹篾者混合麦秸或麦糠)遍涂盖平,使其与墙身砌体压紧贴固,然后加入麻刀	《营造法式》卷十三《泥作制度·壁画》	基本流传宋代以后至清代
元	在壁画泥层结构方面除粗泥用麦秸而不用竹篾外,余皆与宋代做法类似	芮城县永乐宫①、稷山县青龙寺、大同华严寺等	
明、清	在粗泥之外掺和了白灰,抹成麻筋灰壁或麻筋掺灰砂泥壁,然后在壁面上涂以白粉,上底色作画	北京法海寺等	

  总而言之,大部分寺观壁画,墓室壁画、石窟壁画、殿堂壁画,从壁质砌体、泥层结构、制作方法等方面均保持了传统技法。从唐代以来壁画的研究表明,其壁质粗泥中有麦秸和麦糠、中细泥和细泥中有麻筋,与上述记载基本相同。

三 古代壁画颜料层制作工艺及绘制过程

(一)古代壁画颜料

  颜料是古代壁画的重要构成材料,古代文献中所记录的壁画颜料种类主要分为无机矿物颜料和植物性颜料两大类。因颜色稳定性高、保存持久,中国古代壁画主要采用无机矿物颜料绘制。唐代张彦远在《历代

---

① 常亚平:《山西寺观壁画保护技术》(一),《古建园林技术》2004年第4期。

名画记》卷2《论画体工用榻写》中记载了当时绘画颜料的名称和产地。如："武陵（湖南常德）水井之丹，磨嵯（福建建瓯）之砂（朱砂），越（四川西昌）之空青，蔚之曾青，武昌（湖北）之扁青（上品石绿），蜀都之铅华（黄丹），始兴（广东曲江）之解锡（胡粉）研炼、澄汰、深浅、轻重、精粗，林邑昆仑（马来）之黄（雌黄），南海（广东）之蚁铆（紫矿、造粉、胭脂），云中（山西）之鹿胶，吴中（江苏）之鳔胶，东阿（山东）之牛胶，漆姑汁炼焦，并为重采，而用之。"

颜料作为壁画的表现载体，有着重要的研究价值。分析研究古代壁画颜料是文物保护学的重要内容，可为探索古代颜料技术的发展、研究相关保护方案提供有价值的信息。然而，由于年代久远以及日益严重的污染和人为因素的破坏，作为壁画最主要部分的颜料，常常会发生不同程度的变化，严重时甚至会影响到最初绘画的风采。因此，研究古代壁画颜料的结构和成分，已成为文物保护和修复工作的重要基础。壁画中采用的颜料大多数是一些天然的无机矿物颜料，无机矿物颜料本身性质稳定，在一般环境条件下，不易发生化学变化，这也是壁画经历了很长时间至今保存基本完好的一个重要因素。但颜料层也存在着一些由其他原因引起的脱落、褪色、粉化等病害，如颜料中胶结材料老化、地仗层的酥碱等，此外，光照等一些环境因素同样能引起壁画颜料的褪色。值得注意的是，有些颜料在环境因素的作用下，本身化学成分发生了变化从而引起颜色的改变。壁画颜料变、褪色严重影响了壁画内容的艺术效果，因此颜料的变、褪色原因及颜料本身的稳定性研究，是壁画保护的重要内容。

国内外壁画保护工作者借助于现代表征手段[①]，对我国古代颜料进行科学分析[②]，得到了颜料种类及应用的地域[③]、时代等特点。依据其颜色

---

① Welter N., Schussler U., "Characterisation of inorganic pigments in ancient glass beads by means of Raman microspectroscopy, microprobe analysis and X-ray diffractometry", *Journal of Roman Spectroscopy*, Vol. 38, No. 3, August 2007, pp. 113 – 121.

② Dron J., Linke R., Rosenberg E., "Trimethylsulfonium hydroxide as derivatization reagent for the chemical investigation of drying oils in works of art by gas chromatography", *Journal of Chromatography A*, Vol. 13, No. 1, June 2004, p. 114.

③ Mazzero R., Joseph E., Minguzzi V., "Scientific investigations of the Tokhung-Ri tomb mural paintings (408 A. D.) of the Koguryo era, Democratic People's Republic of Korea", *Journal of Raman Spectroscopy*, Vol. 37, No. 2, April 2006, pp. 1086 – 1097.

种类，分为红、蓝、绿[①]、黑、白、黄等几大类。依据颜色种类[②]，将古代壁画选用矿物颜料列于表1-2。

表1-2 中国古代壁画不同颜色矿物颜料

颜料颜色	概述
红色	壁画中最常见颜料，主要有朱砂（HgS）、铅丹（Pb_3O_4）、铁红（Fe_2O_3）等。而我国在新石器时代已开始使用朱砂作为颜料，"周人尚赤"，魏晋南北朝时期起，在石窟、墓葬壁画等大量使用朱砂作为壁画颜料。
蓝色	分为花青和石青类。花青类用蓝靛加工而成，为我国较早使用的植物颜料。石青类分石青和青金石两种。石青的化学成分为 [$2CuCO_3 \cdot Cu(OH)_2$]，矿物名称为蓝铜矿，为铜矿的次生矿物。青金石化学式为 [（Na，Ca）$_8$（$AlSiO_4$）$_6$（SO_4，S，Cl）$_2$]，又名群青、佛青、回青、金精、兰赤等，敦煌自北凉至清代壁画大量使用。明清时，出现了人工合成青金石颜料，俗称"鬼子蓝"
绿色	有绿盐、铜绿、石绿、绿铜矿四种，都是铜的化合物。绿盐也称盐绿，化学式为（$CuCl \cdot 2H_2O$），早期为新疆等地特产，唐代苏敬的《新修本草》中有所记述。而石绿等其他颜料也在壁画中多有使用
黑色	历代壁画以墨为主，主要成分是非晶态炭黑；另外，无机矿物颜料铁黑（化学成分为 Fe_3O_4）也有使用
黄色	有雌黄（As_2S_3）、雄黄（As_4S_4）、土黄及黄丹等铅氧化物（PbO），对敦煌北朝时期的壁画颜料分析显示，PbO 以单一物相的形式存在。壁画中黄丹的使用不晚于3世纪，从唐代起，黄丹作为壁画颜料使用已很普遍
白色	滑石、白垩、高岭土、石英、云母、石膏等。滑石有滑腻感，能起润笔的作用。唐代壁画以白垩（方解石，$CaCO_3$）为主，因所含杂质呈灰、黄、浅红等色，往往进行粉碎、漂洗后使用，亦在制作白灰层时使用。宋代多使用石膏，辅以滑石、白垩等。西夏及元代则选用更纯的石膏粉（石膏和硬石膏的混合物）

（二）古代壁画颜料绘制工艺

我国墓葬壁画所用矿物颜料，制作工艺分为粗制和细制两步。粗制

[①] Aliatis I. , "Green pigments of the Pompeian artists palette", *Spectrochimica Acta Part A: Molecular and Biomolecular Spectroscopy*, Vol. 73, No. 3, August 2009, p. 534.

[②] 夏寅：《偏光显微法在颜料研究中的发展现状与趋势》，《文物保护与考古科学》2008年第S1期。

又分洗、捣、箩、淘、研、煮。细制是进一步精制处理，又分为加水研磨、加入胶水①研磨、漂等工序，最终制成绘画所用颜料。

为提高矿物颜料的黏结性，配以展色剂和固色剂②，提高颜料颗粒的附着力，附着于地仗层上。古代壁画选用胶结材料众多，主要为动物性和植物性胶两类。动物性是以如马、牛、驴的皮、骨等为材料，经浸泡、水洗、煮沸、抽提、过滤、浓缩、干燥等工序精制而成，通常含有胶原体蛋白质，常见的动物胶有明胶、阿胶、皮胶、骨胶等，亦有鱼类的皮、骨制成的鱼胶。植物性有淀粉糊、阿拉伯树胶、桃胶等。桃胶在我国壁画中常用，是由从树干中提取的树脂加工而成的。植物性胶含有丰富的植物蛋白质，属于天然有机胶结材料，含有丰富的生物蛋白质，具有天然有机化合物的分子量大、分子结构复杂，易老化，良好的热稳定性和光稳定性等特点。

（三）古代壁画绘制过程

在古代壁画的绘制过程中，每一步都蕴含着匠人的心血与智慧，其精湛技艺与深厚文化底蕴交织成一幅幅不朽的艺术瑰宝。这一过程，被行内人精练地概括为"一朽、二落、三成"，既是对技艺流程的精准提炼，也是对传统美学追求的深刻体现。

首先，"一朽"阶段，即起稿之初，是整幅壁画创作的灵魂孕育之时。画工们会精心挑选上好的"木朽子"——这是由柳条经过精心烧制而成的细炭条，其质地柔软而富有韧性，能在坚硬的壁面上留下细腻而持久的痕迹。画工一手轻握炭条，另一手随时准备擦去不必要的线条或调整布局。在"摊"开工作的过程中，他们或站或蹲。随着炭条在壁面上绘画，一幅幅生动的草图逐渐显现，既保留了创作的即兴与灵动，又蕴含了画工对整体构图的深思熟虑。起稿完毕后，画工会退后几步，纵观全局，对细节进行微调，确保每一个元素都能和谐共生，为接下来的步骤打下坚实的基础。通常起稿线条较细较淡，定稿线条较粗较黑，"九朽一罢"便表明了这一含义。

---

① 李实：《对敦煌壁画中胶结材料的初步认识》，《敦煌研究》1993 年第 1 期。

② Casoli A., "Gas chromatographic-mass spectrometric approach to the problem of characterizing binding media in paintings", *Journal of Chromatography A*, Vol. 731, No. 1, April 1996, p. 230.

其次，是"二落"阶段，也即勾线之时。这一步骤对于整幅壁画的成败至关重要，通常由经验丰富、技艺高超的高级画工担纲。他们手持特制的细笔，蘸取墨色，沿着炭条勾勒出的轮廓线，进行更为精准而细致的勾线修正。这一过程不仅要求画工具备极高的手眼协调能力，更需对线条的轻重缓急、转折变化有着敏锐的感知与把控。每一笔都凝聚着画工对美的追求与对传统的尊重，线条流畅而不失力度，既展现了物象的形态之美，又透露出一种超越形体的精神气质。在勾线的过程中，画工们仿佛在与古人对话，将千年的技艺与情感，通过这一笔一画，传递给后世。

最后，"三成"阶段，即着色环节，也被称为"成活儿"。这是壁画创作中最具视觉冲击力，也最能体现画师个人风格与情感表达的阶段。画师们会根据所绘图像的具体内容与所要传达的思想情感，进行整体的配色规划。他们或选用鲜艳明亮的色彩，营造出热烈奔放、生机勃勃的氛围；或运用淡雅柔和的色调，展现宁静致远、淡泊明志的意境。在着色的过程中，画师们不仅要考虑色彩的和谐与对比，还要注重色彩与光线、空间的相互作用，力求使画面呈现出立体而丰富的视觉效果。随着色彩的层层叠加与交融，壁画逐渐"活"了起来，它不仅记录了历史的瞬间，更承载着文化的传承与精神的寄托。最终，当所有的色彩都恰到好处地落在壁面上时，一幅幅气韵生动、结构严谨的壁画便赫然在目，成为连接过去与未来的桥梁，让后人得以窥见那个时代的风貌与智慧。

四 古代墓葬壁画的结构

古代壁画是复合材料类物质遗存，既依附于壁面载体，又有其相对的独立性和自身的组织结构。壁画的毁损直接受到壁画的画壁结构及制作工艺的影响。从工艺角度来看，不同时代、不同地域的壁画制作工艺也不尽相同，一般是由三个部分组成的。古代墓葬壁画结构具有地域性及时代性特征，但大体由支撑体、地仗层及画面层组成（图1-1）。墓葬壁画通常的制作工艺是先在修整好的墓室砖墙上抹一层草拌泥，即灰泥层，然后在上面再抹一层白灰，即白灰层，这两层构成壁画的地仗层，最后在白灰底上施彩作画。

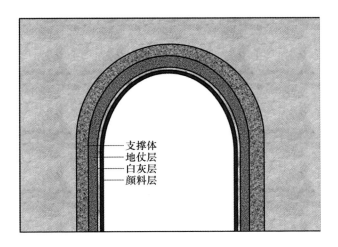

图 1 – 1　墓室壁画结构

（一）支撑体

壁画的基础支撑体因壁画表现形式而异。墓葬壁画支撑体多数是由石块或砖块砌筑而成的墙体，只有极少数是直接以墓穴开挖后的土质墙壁作为支撑体。总体上，墓葬壁画的基础支撑体为墙体，分为石质、砖质及土质三类。如壁画的支撑体为石质，一般在石质上涂刷一层白灰水作地仗，或者在石质上抹一层白灰和草泥作地仗，再或直接在石质上作画，石质墙体代表如河南密县打虎亭汉墓；如壁画的支撑体为砖体，一般在砖体上涂刷一层白灰水作地仗，或者直接在砖体上作画，砖质代表如陕西乾县唐墓群等；如壁画的支撑体为土体，需要把土体磨平整，然后再在土体上作地仗，土质代表如唐李寿墓。[①]

（二）地仗层

墓葬壁画的地仗层一般都是在墙体上抹一层较薄的石灰或石膏层，这是由于在潮湿的墓穴内，泥质地仗很难保存。

壁画地仗层既与支撑体黏结，同时又是颜料层的载体，地仗层的性质不仅关系到壁画能否长久保存，而且地仗层制作材料和工艺也是区分干壁画和湿壁画的关键，据研究，目前国内已发现的壁画均属干壁画。

干壁画是直接在干燥的壁面上绘制而成的，即在支撑体上先用粗泥

---

① 陕西省博物馆：《唐李寿墓发掘简报》，《文物》1974 年第 9 期。

抹底，再涂细泥磨平，最后刷一层石灰浆制成地仗，待地仗干燥后，用颜料和胶结材料调和在地仗上绘制，是整体完成的壁画。干壁画的地仗层材料有泥土和石灰两种类型，后者多用于墓葬壁画的制作。泥土地仗层中一般多掺有植物纤维材料，石灰质地仗层中一般只用麻和棉等细纤维其作用一是增加地仗层强度，二是防止开裂，以有利于作画。

唐墓壁画，大多绘制在麦草泥地仗层上，或者麦草泥上面的白灰层上，称为"有地仗层壁画"；有的直接绘制在开挖的墓室壁面上，称为"无地仗层壁画"。墓室壁画的构成材料都是以取之方便的"黏土"为基本材料，力学性能较差。由于壁画长期埋于地下，地仗材料受潮或遇水而强度降低，导致壁画开裂、空、脱落，甚至塌。加之颜料层中胶结材料的水解作用，失去黏结性使得颜料层起翘、粉化、脱落等。所以，在已发掘的所有绘制壁画的墓葬中，壁画都有不同程度的破坏，有的甚至完全脱落，损失难以弥补。如河北望都汉墓[①]和云南昭通东晋墓中的壁画，都是在墙体上只抹 1—2cm 厚的石灰层，没有掺加补强材料。而河北安平汉墓的壁画是在墙体上仅抹 0.1—0.3cm 厚的石灰层。也有无地仗层的，如西安南郊汉代墓壁画，是直接在砖墙上刷一层白灰作底而绘画；辽宁辽阳魏晋墓壁画则在石壁上绘画，既不抹灰泥层，也不刷底色。山东梁山汉墓的壁画是在墙上先抹黄土泥层后再施一薄层白粉。

（三）颜料层

颜色是体现古代壁画丰富内容的基本要素，颜料层是壁画的精华部分。壁画保护的实质就是为了保存这层珍贵的颜料层。壁画中使用的颜料多数是天然矿物颜料，它们性质稳定，在一般环境条件下不易发生化学变化导致颜色变化，这也是绝大多数古代壁画历经千余年至今仍保存基本完好的重要原因之一。应用矿物颜料作画时，由于颜料自身不具备扩散和黏结能力，作画时必须加入分散介质和结合介质。水为展色剂，胶为黏结剂，这种胶水，可使矿物颜料颗粒紧密黏结而形成遮盖力，也使颜料颗粒与地仗层能相互黏结。

历史上，壁画制作中选用的各种颜料及呈现的不同色彩，显示了我国古代绘画大师及工匠，对矿物颜料及植物颜料的认知水平和应用能力。

---

① 姚鉴：《河北望都县汉墓的墓室结构和壁画》，《文物参考资料》1954 年第 12 期。

绚丽多彩的颜料层及画面构图的变换，展现了古人对艺术的表现能力。而科学的颜料分析，可揭示古代的文化、贸易及科技等内容，更为重要的是，获取古代颜料成分及组成及化学、物理变化过程，为壁画保护提供可靠的依据。

五　中国古代墓葬壁画绘画内容

我国墓葬壁画内容是尽其所能地把世间生活起居环境、人物活动都包罗在内。墓室顶部早先是画墓主人升仙的图像，后来则是日月星辰、云气，代表四方神的青龙、白虎、朱雀、玄武，以此象征天界。在墓道和墓室中最主要的位置是墓主人显赫的仕宦经历，特别突出的是能够代表人物官爵的出行仪仗、车马、卫队等。有时还要画出他的官舍、城池，以及重大的政治活动场面。而那些担任过武职的，还要画上他所经历过的战争，往往是水陆攻占的酷烈场面。另一部分重要内容是表现墓主人的日常生活和他所拥有的财富，把他的居处房舍、牲畜、田产、庖厨、宴饮，以及乐舞百戏表演等，都事无巨细地画出来。

汉代墓室壁画作品的内容很丰富，有渔猎、耕作、庖厨、舞乐、燕居等，真实生动地反映了当时社会的现实生活。汉墓中的绘制壁画，大都以朴实的墨线刻画出形象的轮廓，再用朱、青、黄等明快的颜色进行点染描绘而成。

唐墓壁画以现实生活为主，表现的是墓主人生前的社会环境、日常生活、享受的等级待遇，等等。题材内容鲜明地体现出时代精神，更多地显示出墓葬主人显赫的社会地位和丰裕的生活场景及社会习俗。唐代壁画的内容也是丰富多彩的，除大量的宗教壁画以外，在一些官宅府第中出现了许多纯观赏性的壁画作品，如花、鸟、虫、鱼、山水、树木等。在兼收并蓄的壁画艺术竞技中，社会上兴起了一股摆脱单纯的宣扬宗教而注重描绘现实生活的新潮，为壁画艺术的多元化发展开拓了新的天地。在表现手法上，唐代壁画家有的采用以线描为主的"白描"形式，有的采用以色取胜的"大刷色"壁画，也有的采用介乎二者之间的"焦墨淡染""浅绛""水墨渲染"等手法。章法上有"疏体""密体"之分。风格上有"出水"之感的"曹家样"，也有"当风"感觉的"吴家样"，还有盛丽绮华的"周家样"等，真可谓万紫千红、丰富多彩。

五代墓室壁画题材内容和风格的变化，到宋代呈现出新的时代特点和价值取向。宋代壁画墓的典型形制是仿木结构的砖室墓，由晚唐五代简单的砖室墓发展而来。这种墓室形制从北宋中期，特别是神宗（公元1068—1085年在位）以后，在中原普遍流行，内部装饰砖雕与彩绘相结合。墓室壁画表现日常生活场景的画面明显增多，营造的居住生活环境愈益逼真。砖砌墓室仿木结构日趋复杂繁丽，不少墓室砖壁上雕出门窗、桌椅、屏风、衣架、灯檠、柜子、镜台和刀尺等图像，形成砖雕与绘画相结合的装饰格局。

六 中国古代墓葬壁画概况

我国地域广阔，南北地区环境差异较大[①]，各地壁画的制作工艺与地理环境和气候条件密切相关。北方地区墓葬具备制作壁画的条件，而南方地区潮湿多雨，地下水位较高，不易绘制墓葬壁画。截至目前，我国南方地区发现的墓葬壁画极为少见[②]，主要为等级较高的墓葬。经考古发掘清理后，因墓室稳定的微环境被打破，且由于环境因素保存状况较差，出现渗水、霉变、脱落等病害。现存我国墓葬壁画大部分在北方地区发现，由于北方气候相对干燥，受墓室环境影响较小，不易剥落受损。同样由于发掘后墓室微环境被打破，随着地表渗入、地下水毛细水运移等，出现盐害、微生物病害等。

据不完全统计（表1-3、图1-2），截至2023年12月底，报道的全国共发现壁画墓葬570余座，如果再加上包括一些墓壁装饰黑、灰、白等色的魏晋墓葬及未统计和未公布的壁画墓，总数基本达到600余座。其中甘肃、陕西、河南、山西、内蒙古等地的原址保护墓葬壁画数量较多，且保护工作受到极大挑战。

---

① 中国文化遗产研究院：《文物保护科技专辑Ⅲ——高句丽墓葬壁画原址保护前期调查与研究》，文物出版社2014年版，第318—325页。

② 郑岩：《魏晋南北朝壁画墓研究》，博士学位论文，中国社会科学院研究生院，2001年，第30页。

表1-3 中国各地区墓葬壁画统计①

地区	墓葬数量
北京	40余座（唐代9座、辽代16座、金代4座）
河北	40余座
河南	80余座
陕西	90余座
山东	50余座
山西	50余座
内蒙古	50余座
辽宁	30余座
吉林	39座
黑龙江	1座
甘肃	60余座
宁夏	6座
新疆	10余座
江苏	30余座（汉代1座，南北朝4座，五代2座，宋代2座）
浙江	7座（东晋1座，五代5座，明代1座）

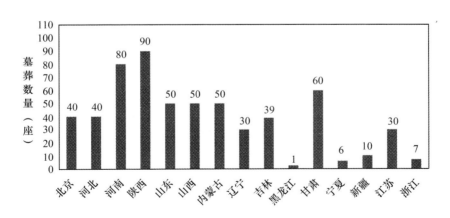

图1-2 我国各地区墓葬壁画数量分布

---

① 中国文化遗产研究院：《文物保护科技专辑Ⅲ——高句丽墓葬壁画原址保护前期调查与研究》，文物出版社2014年版，第318—325页。

第三节 墓葬壁画盐析病害的影响
因素及病害类型

一 墓葬壁画盐析病害的影响因素

古代墓葬壁画盐析病害的影响因素较多[①]，壁画长期适应了大自然的环境变化，使其与自然界建立起了一种协调的平衡关系。经考古发掘后，墓葬壁画经历了环境突变的过程，为使墓室内微环境与大气环境保持平衡[②]，壁画结构层中材料性质将发生变化，且往往会伴随一些病害的产生[③]，其中尤其以盐析导致的病害最为严重[④]，而盐析病害的影响因素包括壁画结构的自身组成、结构以及外部的温度、湿度、土体水分及可溶盐类型等多种因素。

（一）自身的组成及性质的影响

墓葬壁画所处的结构层中，土壤富含多种矿物成分，主要包括石英、高岭石、长石以及蒙脱石等[⑤]，这些矿物的复杂组合构成了土壤的多层结构，但同时也使得这一结构极易受到外界环境因素的微妙影响。当墓室环境发生变化，如遭遇吸水潮湿或受热升温时，土壤中的盐分会在盐析结晶的作用下逐渐析出[⑥]，这一过程中，不同矿物微粒因吸水或受热而膨胀的程度各不相同，从而在结构内部产生不均匀的应力分布。这种应力

---

① Cardell C. , "Salt-induced decay in calcareous stone monuments and buildings in a marine environment in SW France", *Construction and Building Materials*, Vol. 17, No. 3, April 2003, p. 167.

② Brown P. W. , "The distributions of bound sulfates and chlorides in concrete subjected to mixed NaCl, MgSO₄, Na₂ SO₄ attack", *Cement and Concrete Research*, Vol. 30, No. 10, October 2000, p. 1540.

③ Niels T. , Sadananda S. "Mechanism of concrete deterioration due to salt crystallization", *Materials Characterization*, Vol. 53, No. 2, November 2004, pp. 123 – 127.

④ Rodriguez C. , "Influencing crystallization damage in porous materialsthrough the use of surfactants: experimental resultsusing sodium dodecyl sulfate and cetyl dimethylbenzylammonium chloride", *Langmuir*, Vol. 16, No. 1, September 2000, pp. 947 – 954.

⑤ A. V. Turkington, T. R. Paradise, "Sandstone Weathering: A Century of Research and Innovation", *Geomorphology* Vol. 67, No. 1, April 2005, pp. 229 – 253.

⑥ N. Tsui, R. , "Crystallization Damage by Sodium Sulfate", *Journal of Cultural Heritage*, Vol. 4, No. 2, April 2003, pp. 109 – 115.

差异极易导致壁画及其支撑结构的破坏，尤其是蒙脱石这种矿物，因其极强的吸水性，在潮湿环境下会显著膨胀，进一步加剧了结构的不稳定性和破坏风险。因此，保护墓葬壁画免受环境侵蚀，维持其结构的完整性和稳定性，成为考古与文物保护工作中至关重要的一环。

（二）温度的影响

温度对墓葬壁画的影响是多层次且深远的。首先，墓葬壁画各结构层由于材质和热膨胀性的差异，在温度变化的过程中极易产生应力不均，从而导致层与层之间的分离，这种物理性分离不仅损害了壁画的整体结构，还可能影响其艺术表现；其次，温度变化还通过引发其他因素的改变对墓葬壁画产生间接的破坏作用。例如，温度的急剧升高可能加速壁画结构层中土壤的干燥过程，使土壤收缩并产生裂缝，进而威胁到壁画的稳定性；同时，高温环境也可能直接对壁画颜料和材质造成损害，导致色彩蜕变或画面剥落。此外，当温度降至冰点以下时，壁画结构层中的水分会结晶膨胀，与水盐运移过程相结合，形成冻融循环，这一过程如同酥解般逐渐侵蚀壁画结构，加剧其劣化速度。[1] 综上所述，温度是影响墓葬壁画保存状态的重要因素之一，其复杂多变的影响机制要求我们在文物保护工作中必须充分考虑并采取有效措施来应对。

（三）湿度的影响

湿度对墓葬壁画的影响深刻且复杂，其影响途径主要分为直接与间接两种。[2] 直接途径主要体现在湿度能引发土壤中的矿物质发生化学反应，墓室环境的湿度作为壁画表面水分的主要来源，不仅是盐分运移的媒介，水本身也对壁画构成直接的威胁。渗入壁画内部的水分[3]，能与泥质胶结物发生水化作用，导致土体团粒结构发生变化，进而影响壁画的稳定性与完整性。间接途径则通过湿度变化引起的物理形变来损害壁画，湿度的高低波动会促使物理变化的产生，如开裂、错位乃至脱落等现象。这

① 郭宏、韩汝玢、赵静等：《水在广西花山岩画风化病害中的作用及其防治对策》，《文物保护与考古科学》2007 年第 2 期。

② 靳治良、陈港泉、钱玲等：《莫高窟壁画盐害作用机理研究》（Ⅱ），《敦煌研究》2009 年第 3 期。

③ 靳治良、陈港泉、钱玲等：《莫高窟壁画盐害作用机理研究》（Ⅰ），《敦煌研究》2008 年第 6 期。

一现象的背后，主要归因于土壤中的吸湿材料，如蒙脱石，在高湿度条件下膨胀、低湿度时收缩的反复作用，这种机械性的变化对土壤团粒结构造成了持续的破坏，最终波及依附其上的壁画层，加剧了壁画的劣化过程。因此，在墓葬壁画的保护工作中，对湿度的严格控制与调节显得尤为重要。

（四）水分的影响

水分无疑是导致墓葬壁画劣化的关键因素之一，其通过地下水的毛管力成为壁画水盐迁移的主要驱动力。在多孔的土壤结构中，水不仅引发多种形式的物理分解，如作为离子载体促进化学分解，还常常与其他因素交织作用，共同加速壁画的劣化进程。物理风化、化学风化乃至生物风化往往并非孤立存在，而是可能同时发生，形成复杂的风化作用网络。例如，水分结冰后体积膨胀，能够撑裂土体空隙，导致岩土崩解；水分迁移过程中，盐分在壁画表面富集并结晶，这一过程在土壤团粒结构中引发膨胀，盐分的结晶膨胀进一步加剧了岩土的风化；此外，水分子对岩土的吸附作用也能引起膨胀，当水侵入岩土的基本层间时，整个晶体结构会随之膨胀，对壁画结构造成不可逆转的损害。① 因此，在探讨墓葬壁画保护策略时，必须全面考虑水分及其所引发的多种风化作用，采取综合措施以减缓壁画的劣化速度。

（五）可溶盐的风化破坏

水分和盐是墓葬壁画产生盐析病害的最主要的因素②，盐的存在形式以碳酸盐、氯化盐、硫酸盐、硝酸盐等组分最为常见。可溶盐通过结晶、水解、热膨胀及渗透等形式进行作用。盐风化主要分为盐结晶作用和盐类矿物形成水合物引起体积膨胀使本体破坏为两种形式（图1-3），前者与物理风化联系紧密，后者与化学风化作用相关。温湿度的变化会引起盐的反复结晶，土体频繁的膨胀和收缩，给壁画带来机械性破坏，出现表面泛白、起霜、结壳、疱疹、起甲、裂隙等病害形式，严重损害了壁画的艺术价值与历史文化信息。因此，在墓葬壁画保护中，针对水分与

---

① 闫玲：《壁画地仗酥碱病害非饱和水盐迁移试验研究》，硕士学位论文，兰州大学，2009年，第24—32页。

② 靳治良、陈港泉、钱玲等：《基于莫高窟成盐元素相关系探究壁画盐害作用机理》，《化学研究与应用》2009年第4期。

盐分的有效控制与管理显得尤为重要。

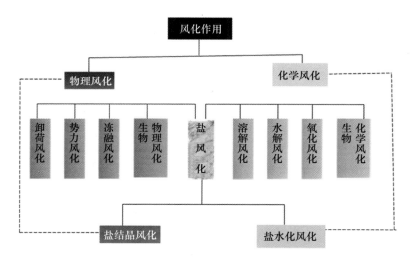

图 1 - 3　盐风化过程

二　盐析引起的墓葬壁画病害类型

墓葬壁画的稳定存在取决于一个异常稳定的微环境，微环境中任何一个因素的改变都会给墓葬壁画的安全造成危害。墓葬壁画病害有起甲、粉化、颜料层脱落、疱疹[①]、疱疹状脱落、龟裂、裂隙、酥碱、空鼓、褪色、水渍、微生物损害等形式。[②] 墓葬壁画盐析病害[③]是一种特殊的盐类风化，属于风化作用[④]的范畴，因墓葬壁画盐析过程不可逆，且造成的影响往往较为严重[⑤]，被学术界称为壁画病害中的"癌症"。我国《古代壁

---

① 胡红岩、陈港泉、钱玲等：《NaCl 盐的结晶形态及在莫高窟壁画疱疹病害中的作用》，《自然杂志》2016 年第 1 期。

② 靳治良、陈港泉、夏寅等：《硫酸盐与氯化物对壁画的破坏性对比研究——硫酸钠超强的穿透、迁移及结晶破坏力证据》，《文物保护与考古科学》2015 年第 1 期。

③ 郭青林：《敦煌莫高窟壁画病害水盐来源研究》，科学出版社 2016 年版，第 23—45 页。

④ 郭宏、韩汝玢、李斌等：《广西花山岩画岩石生物风化机理及其防治对策研究》，《中国文物科学研究》2007 年第 2 期。

⑤ P. S. Griffin, N. Indictor, R. J. Koestler, "The biodeterioration of stone: a review of deterioration mechanisms, conservation case histories, and treatment", *International Biodeterioration*, Vol. 28, No. 1, April 1991, pp. 188 - 191.

画病害分类标识规范》① 将壁画因盐析引起的病害形式分为酥碱、空鼓、起甲、疱疹、盐霜、龟裂及脱落七种。

（一）酥碱

酥碱（图1-4）是指壁画土体中的可溶盐类②，在水分的迁移带动下，经历溶解、迁移、结晶和重结晶等过程，透过地仗层，表聚于壁画表面，造成颜料中的胶结材料老化，颜料起甲、脱落。酥碱地仗层具有碱土性质，遇水易分散，干燥易收缩，对壁画的破坏性极大。③ 引起壁画酥碱的直接原因是水分的参与导致盐类无规则地活动，酥碱破坏壁画的机理主要是地仗层中的水盐作用④，生成了含水硫酸盐矿物晶体，因结晶物体积膨胀将壁画表面顶起。

图1-4 墓室壁画酥碱病害

① 《古代壁画病害与图示》（GB/T 30237-2013），中国标准出版社2023年版。

② Raphael A. , Wust J, "The Origin of Soluble Salts in Rocks of the Thebes Mountains. Egypt：The Damage Potential to Ancient Egyptian Wall Art", *Journal of Archaeological Science*, Vol. 27, No. 2, January 2000, p. 1162.

③ Alison S. , Clifford P. , "Salt damage at Cleeve Abbey, England. Part Ⅱ：seasonal variability of salt distribution and implications for sampling strategies", *Journal of Cultural Heritage*, Vol. 6, No. 3, July 2005, p. 269.

④ Alison S. , Clifford P. , "Salt damage at Cleeve Abbey, England：Part Ⅰ：a comparison of theoretical predictions and practical observations", *Journal of Cultural Heritage*, Vol. 6, No. 3, 2005, p. 125.

（二）空鼓

空鼓（图1-5）是指壁画地仗层与支撑体分离[①]，形成鼓包。这种病害一种是在制作地仗时没有压实泥层，地仗层与墙体的黏结力随时间的推移而降低；另一种是在壁画破损处，尘土、细沙和碎石不断填入，久而久之，导致地仗层与墙体胀裂，形成空鼓。造成空鼓的原因既有壁画自身制作材料的影响，又有自然因素的参与，地仗材料的老化是产生空鼓病害的直接原因。壁画墙体、地仗中的可溶盐遇水后溶解、移动，最后在壁画地仗内部富积，随环境温湿度频繁变化，并随着新的水分蒸发，积盐量也越来越大。这样，墙体表层及地仗层中的可溶盐反复的溶解—结晶破坏了地仗层与墙体的黏结结构，由于盐对地仗层的侵蚀，加上水分蒸发后引起的"干缩"应力，致使地仗层开裂，在自身重力作用下脱离墙体表层而坠毁。微生物的存在也对壁画地仗的腐蚀产生了不可低估的影响。古代壁画地仗里面掺和麦秸或竹篾，这样的地仗层是微生

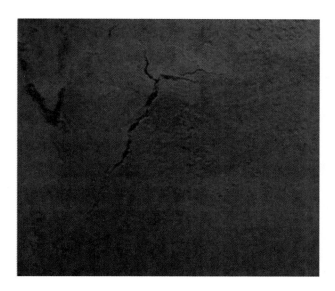

图1-5　墓葬壁画空鼓病害

---

① 汪万福、马赞峰、李最雄等：《空鼓病害壁画灌浆加固技术研究》，《文物保护与考古科学》2006年第1期。

物的天然栖息地，在适宜的温度和湿度情况下，微生物孢子着生在壁画上面大量繁殖，有些好氧微生物，在它的氧化代谢过程中，产生各种有机酸，如草酸、柠檬酸等，这些代谢产物渗透到壁画地仗中直接对壁画地仗起腐蚀作用。

（三）起甲

起甲（图1-6）是指壁画颜料层和白灰层、地仗层等附着力下降[1]，形成翘起。依据形态，分为龟裂起甲、颜料层起甲、粉层起甲、泥层起甲等几种。[2] 往往酥碱病害与起甲病害同时产生[3]，地仗层酥碱后，白灰层及颜料层与地仗层的附着力降低，出现起甲、剥离等现象。另外，由于胶料老化，致结构层之间分离，亦造成此类病害。若所处气候相对干燥，壁画地仗层制作过于光滑，白灰层与颜料层黏结不牢固亦会造成起甲现象。其主要原因有：①颜料的用胶量不均、颜料内胶质随环境因素老化失去胶结作用而引起颜料层开裂和翘起，泛起许多小鳞片。②因气候干燥，壁画地仗层制作过于光滑，白粉层与之黏结不牢固。③后代在前代壁画上只涂刷一层白粉层后即绘制壁画，由于白粉层与原来壁画黏结不牢而形成后来绘制的壁画起甲脱落。往往壁画酥碱与起甲同时发生，由于地仗酥碱，壁画粉层或颜料层与地仗失去粘连作用，使颜料层或颜料同粉层一起起甲剥离。壁画起甲除和地仗层酥碱有关外，还与掺加在颜料层中的有机胶结剂有关。但是，酥碱壁画主要受地仗和墙体中可溶盐和水的作用而产生，治理非常困难，已修过的壁画过不了几年，又开始酥碱。

（四）疱疹

疱疹病害是由于环境的变化，地仗中的可溶盐类随着水分的迁移到达地仗层表面[4]，由于水分蒸发很快，但蒸发量较小，水中的可溶盐结晶

---

①　杨蔚青：《西汉卜千秋墓升仙图壁画起甲病害的保护修复》，《古建园林技术》2006年第3期。

②　倪勇、葛承滨、汪万福等：《敦煌莫高窟壁画起甲机理研究》，《现代电子技术》2016年第3期。

③　Gibson L. T., Cooksey B. G., Littlejohn D., "Characterisation of an unusual crystalline efflorescence on an Egyptian limestone relief", *Analytica Chimica Acta*, Vol. 337, No. 2, January 1997, p. 152.

④　陈港泉、胡红岩、李燕飞等：《莫高窟壁画疱疹病害的微观形貌和成分研究》，《表面技术》2016年第10期。

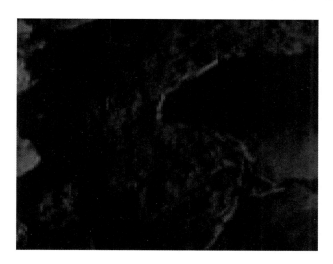

图 1 - 6　墓葬壁画起甲病害

长大，环境湿度增大时，盐的结晶又开始溶解，不断溶解—结晶—再溶解—再结晶，如此反复循环，可溶盐的结晶颗粒便在壁画的颜料层下面析出，随着颗粒的不断长大，颜料层即被顶起，形成像疱疹一样凹凸不平的表面。实验发现当相对湿度大于 60% 时，盐的聚集速度加快，在 20% 左右基本稳定，随着相对湿度增大，盐分水解后加速聚集，干燥后停留在某一部位。这样反复水解、聚集，使这一部位形成盐晶体，发展成疱疹状，最后连同颜料一起脱落。

（五）盐霜

盐霜（图 1 - 7）病害是指可溶盐富集于在壁画表面，形成白色霜状，俗称"白霜"。壁画盐霜病害主要表现为盐分结晶产生的盐霜。这种病害通常由壁画盐分结晶引起，导致壁画的表面出现白色的盐霜，这不仅影响了壁画的外观，还可能对壁画的材料造成损害。壁画盐霜病害的发生与壁画材料中的可溶盐在水分的参与下，在岩壁发生表聚作用有关。盐分的表聚作用导致盐晶在围岩与地仗层间、地仗层土颗粒间、地仗与颜料之间的孔隙内积聚，发生重结晶，从而改变了地仗层的结构，导致颜料剥落，地仗疏松、掉块或散落。

为了预防和治疗这种病害，需要采取适当的工程措施和必要的环境治理办法。例如，保持洞窟适度通风，采取一些工程或机械措施降低洞

图 1 – 7　墓葬壁画盐霜病害

窟的湿度，以减少水分对壁画的直接影响。此外，对于已经出现盐霜病害的壁画，需要通过专业的修复技术和材料进行处理，以恢复壁画的原始面貌，保护其不受进一步损害。

综上所述，壁画盐霜病害是一种常见的壁画病害，其发生与壁画材料中的可溶盐和水分的相互作用有关。通过预防和治理措施，可以有效控制和减少这种病害对壁画的影响。

（六）龟裂

壁画龟裂（图 1 – 8），表面微小的网状开裂现象，在盐析结晶的协同作用下，壁画颜料层、底色层或地仗层及表面泥层因温度变化导致壁画结构的膨胀收缩等原因而引起。

（七）颜料层脱落

由于盐析结晶在壁画表面不断析出，可溶盐结晶后体积增大，将颜料层顶起，颜料层脱离底色层（依附层）或地仗层，最终导致颜料层脱落（图 1 – 9）。[①]

[①]　邢惠萍：《起甲、脱落、酥粉陶质文物胶料彩绘的回位修复研究》，博士学位论文，陕西师范大学，2010 年，第 23 页。

图1-8　墓葬壁画龟裂病害

图1-9　壁画颜料层脱落

第四节　国内外壁画保护概况及
盐析保护进展情况

一　壁画保护原则

壁画保护是文化遗产保护中的重要分支，国际古迹遗址理事会全体大会第十四届会议于2003年在津巴布韦通过了《壁画保护、修复和保存原则》，为壁画保护、保存和保护修复提供了详细的指导原则。国际上对文物保护工作经验的总结和实践，特别是对古代壁画保护基本原则的研讨与修正，对中国古代壁画保护工作具有明确的指导意义。2000 年 10 月颁布的《中国文物古迹保护准则》①，具体规定了保护的目的、原则②和修复技术等，说明不排斥采用新技术，并重点强调了最小干预原则和可逆性原则。古代墓葬壁画保护的主要目的，就是将壁画相关历史、文化和科学艺术的相关信息完整地保存下来，墓葬壁画的保护修复首先应遵守以下五个基本原则。

（一）最小干预原则

壁画作为人类共同的物质文化遗产，具有其特殊性和复杂性，如何被有效保护研究和利用，这是世界各国文化遗产保护者的共同任务及目标。从发展的眼光看，任何一种保护方法都将或多或少地介入到墓葬壁画的本体中，且往往有些过程在绝对意义上是不可恢复的。因此，在现有科学发展的技术水平上，择优去劣，选择危害最小、最简易的保护工艺及方法。③

修复壁画具有两重性，一则是使破损壁画得以恢复原状，成为完整的艺术品；二则是改变壁画的原状，使历史信息遗存消失。所谓最小干预原则，即在壁画修复技术过程中，将施加于壁画上的材料和工艺，降低到最低程度，尽力保护壁画的原有状况。创造最佳的收藏环境，可为最小干预原则的实施提供条件。

（二）不改变原状原则

不改变原状是文物保护的基本原则④，也是我国壁画保护的法律规定。壁画的本体材料是珍贵历史文化信息的载体，保护其本体材料，以此达到保护历史文化信息的本质目的。每一处文物在历史长河的发展过程中都历尽沧桑，都有一部自己的变迁史。应根据不同文物原状的特征及特点，满足不改变文物所蕴含信息的最低限度。⑤

（三）可再处理性原则

壁画保护具有长期延续性、可持续性等。这就要求壁画保护所选用

————————

①　国家古迹遗址理事会中国国家委员会：《中国文物古迹保护准则》，文物出版社 2015 年版，第 3—8 页。

②　潘路：《国外文物保护科技思潮之发展》，《中国文化遗产》2004 年第 3 期。

③　王丽琴、杨璐：《文物保护原则之探讨》，《华夏考古》2011 年第 3 期。

④　郭宏：《论"不改变原状原则"的本质意义》，《文物保护与考古科学》2004 年第 1 期。

⑤　郭宏：《论不改变原状原则的本质意义——兼论文物保护科学的文理交叉性》，《文物保护与考古科学》2004 年第 1 期。

的材料具有"可再处理性"。"可再处理性"是对"可逆性"处理的延伸和发展，完全意义上的可逆性不具备实际操作性，仅处于理论准则层面上。① 任何文物保护材料，其各种性能的表现，均存在时效性原则。随着科技的发展，已使用过的保护材料耐久性降低，需要选用新的适宜保护方法。② 因此，可再处理性是动态的科学保护过程的体现。

（四）兼容性原则

要求修复壁画材料具有可逆性，往往是理论性的。很多材料具有可逆性，但当通过化学反应的可逆性，将该材料从壁画上提取去除后，壁画也同时损毁。所以又提出兼容性原则，也称为可再处理原则。要求应用于壁画修复的新材料，其老化产物不致给壁画带来损坏，在不必清除这些材料的情况下，可用其他材料再次对壁画进行修复技术处理。科技不断发展，新材料会层出不穷，给后人保护壁画留下空间。

（五）可识别原则

中国传统修复技术的精湛工艺是做旧，即对壁画外观的修饰处理，能使破损壁画起死回生，再现辉煌，修整补配部位真伪难辨、浑然一体。这个修复理念至今仍主导着壁画修复的技术实践。

《威尼斯宪章》提出修复壁画的可辨识原则，要求对壁画修复中任何修整、补配、更换的部位，均要与壁画基体有明显的区别。修复壁画应为整旧如故，而非整旧如旧，更非整旧如新。

二 国内外壁画保护概况

近年来，世界各国对于壁画的保护都给予一定的重视，制定了适宜本国保护理念和社会发展的对策。

（一）国外壁画保护概况

国际社会对于古迹保存的基本原则是对构成遗址的各要素原址一体化保存，墓葬壁画的保护同样是以原地墓室内保存为基本原则。遗址保护这一概念的提出，源于公元 6 世纪的欧洲。目前，意大利、希腊、英国、法国等国也相继颁布遗址保护政策、法规等。国际遗址保护经历了三个阶段：

---

① 白崇斌、马涛：《古遗址科学保护的探讨与实践》，《文博》2005 年第 4 期。
② 侯卫东：《文物保护原则与方法论浅议汇》，《考古与文物》1995 年第 6 期。

18 世纪的萌芽阶段；19 世纪中叶的发展阶段；20 世纪初期的成熟阶段。

通过对日本、意大利、法国等在墓葬壁画、洞穴壁画等的保护领域领先的国家的保护理念、方式和技术等的文献调查，为我国壁画保护提供更好的借鉴，为今后的科学保护提供更有力的依据。

1. 日本墓葬壁画的保护与利用

高松冢古墓葬壁画于 1972 年 3 月考古发掘后，随后即建立好调查保护应急处理委员会。通过对意大利、法国及德国等国家壁画保护工作的考察，邀请意大利和法国专家莅临实地，为该墓葬壁画制订适宜的保护计划。鉴于各方考虑，最终选择原址保护方式，通过设置墓室顶部保温棚、大型环境空调设备、恒久保护设施等工程，以达到对墓室内部微环境的有效控制，但后期设备维护费用高昂。该墓葬保护方式也成为日本研究物保护界的成功案例①，吸引了国际文化遗产保护界的广泛关注。三十年的保护受到业界的一致认可。然而 21 世纪初，却在壁画表面出现了霉斑，作为代表性保护工程受到了舆论界的广泛质疑。通过三年时间的调查及细致分析，2005 年日本研究化厅决定放弃原址保护方案，继而对古墓进行实地解体并转移回实验室，在实验室内进行保护修复工作（图 1 - 10）。

图 1 - 10　高松冢壁画墓保护②

（a. 古墓外观；b. 古墓保温棚；c. 恒久保护设施图；d. 壁画解体转移）

---

① 杜晓帆：《从高松冢古坟看日本的文化遗产保护》，《中华遗产》2007 年第 4 期。

② 李永辉：《从原址保护到转移保护——日本高松冢古墓壁画的保护之路》，《世界遗产》2015 年第 Z1 期。

而日本奈良的鬼虎壁画墓葬（1973 年发掘），与高松冢壁画墓一样，在原址通过设置环境调控设施，进行整体保护。由于微环境的变化，壁画出现了空鼓等病害，且有日益严重的趋势。日本研究化部门继而制订对壁画进行揭取的计划和筹备，揭取后在实验室内进行壁画保护处理，预备在壁画病害稳定后展出。

高松冢壁画墓长期且大规模的抢救保护行动无疑为我们提供了深刻的启示。它促使我们反思，就保护科学而言，全封闭措施是否真乃最优解，尚需审慎考量。面对中国境内众多壁画墓的发掘与保护挑战，如何巧妙应对自然侵蚀与人为干扰，实现壁画的有效修复、妥善保存及合理展示利用，成为亟待解决的问题。高松冢古墓壁画保护过程中的成功与教训，无疑为我们提供了宝贵的参考案例，促使我们在未来的保护实践中不断探索与创新，以期找到更加科学、全面且可持续的保护策略。

2. 意大利古代壁画的保护与利用

意大利古代壁画分两大类，包括伊特鲁里亚时代的墓葬壁画（公元前 7 世纪至公元前 2 世纪中期）及庞贝遗址壁画为代表的罗马时代的建筑壁画。

伊特鲁里亚时代的壁画墓多是在地下凝灰岩凿挖的洞室墓，凿去凝灰岩，在天井和壁画装饰壁画。在凝灰岩上施彩时，通常先在壁面涂抹较薄的灰泥地仗层，在表面描绘壁画。20 世纪 60 年代，使用一种对极薄地仗层或无地仗层壁画的揭取方法，揭取后壁画置于博物馆内保存。然而揭取后因环境干燥出现颜料颗粒从灰泥层剥落等现象，继而停止了壁画揭取。采取限定开放展示的保护方法，每年更换展示的壁画，并在游客人数众多的墓葬安装了玻璃，防止外部空气的流动。然而，玻璃的安装造成内部空气流动不畅，墓葬内湿度增加，霉菌等微生物滋生等。且由于雨水渗透，造成壁画表面形成碳酸盐结晶膜，保护工作者清除了表面结晶物。

3. 法国古代洞穴壁画的保护与利用

2007 年 9 月，拉斯科岩画保护委员会致函联合国教科文组织，要求把拉斯科洞穴岩画列入濒危文化遗产名单。[①] 因洞窟内环境较为复杂，经

---

① Bastian F. , "The microbiology of Lascanx Cave", *Microbiology*, Vol. 156, No. 3, July 2010, p. 645.

长期监测保护，仍多次出现霉菌等病害。① 当地政府复制建造拉斯科洞穴岩画，以期呈现出"可移动"的洞穴岩画。工程技术人员先用数字技术将岩洞的整体轮廓进行扫描，然后将图像投射到聚苯乙烯模板上，再根据图像对模板进行雕琢，仿制出洞穴中岩壁的凹凸形态，非常形象。针对壁画墓的保护与开放难题，当前采取的策略包括限制开放数量、实施年度轮换制度以分散保护压力，以及在热门墓葬内设置玻璃隔断以隔绝外界环境影响。然而，这些措施虽意在兼顾开放与保护，却在实际操作中暴露出局限性，如玻璃隔断内空气流通不畅导致的微生物滋生问题，削弱了保护效果。尽管保护优先原则已促使减少开放数量，但游客的期待与需求之间仍存在矛盾。同时，针对普遍存在的雨水渗透导致的碳酸盐结晶膜病害，尽管清除工作正在进行，但面对庞大的 260 余座壁画墓数量，修复进度显得尤为缓慢。对于伊特鲁里亚时代这一跨越2100 多年历史的珍贵文化遗产而言，如何在开放与保护之间找到平衡，成为一项既复杂又迫切的任务。尽管挑战重重，鉴于伊特鲁里亚壁画遗存的丰富性，探索并实施多样化的保存与开放策略，无疑是当前亟须推进的方向。

4. 朝鲜半岛古代墓葬壁画的保护与利用

朝鲜半岛地区多数墓葬存在各种壁画病害和影响因素。德兴里古坟、安岳 3 号古坟、江西大墓、双楹冢、真坡里古坟、药水里古坟、水山里古坟等古代墓葬存在墓葬渗水、墓葬霉变、颜料层脱落病害等问题，亟待解决。联合国教科文组织、日本、韩国、意大利等国际组织和国家先后与朝鲜合作，开展高句丽壁画墓的保护。

国际间对于高句丽壁画墓保护的协作日益紧密，联合国教科文组织携手日本、韩国、意大利等国家和组织，与朝鲜共同开展了这一重要文化遗产的拯救行动。自 2001 年起，韩国文化遗产厅便设立了专项基金，年均为联合国教科文组织注入 10 亿美元资金，专项用于朝鲜境内高句丽古墓，特别是受损严重的药水里古坟等遗迹及其壁画的保护修复。2004年标志着朝鲜高句丽墓葬科学保护工程的正式启航，来自联合国教科文

① 三浦定俊、后德俊：《拉斯科岩洞壁画的保存现状——兼谈高松冢古墓壁画的保存》，《文博》1986 年第 3 期。

组织文化遗产部、日本、韩国文化遗产厅及意大利的顶尖壁画保护专家汇聚一堂，通过研讨会与实践操作，共同探索并实施了高句丽墓葬壁画的保护与复原策略。意大利专家如 Sandro Massa、Rodolfo Lujan Lunsford、Roceo Mazzeo 及 Ipolito Massari 等，在药水里古坟及其他高句丽墓葬壁画的调查研究中发挥了关键作用。同年 6 月，第 28 届世界遗产委员会大会期间，多国专家就高句丽墓葬壁画的保护现状与策略进行了深入交流，提出了多样化的保护与管理方法，极大地推动了原址保护工作的进展。目前，针对药水里古坟的科学考察及后续壁画保护措施已全面铺开，标志着国际合作在文化遗产保护领域迈出了坚实步伐。

（二）中国壁画保护研究进展

我国壁画的科学保护与研究始于 20 世纪 40 年代，以莫高窟为例，自 1943 年起孙儒僴先生多次调查研究了莫高窟的壁画病害，在预防壁画病害方面做了大量的工作；1951 年，莫宗江、宿白、赵正之等专家至莫高窟调查了包括壁画病害在内的地质灾害，拟定了保护规划。段修业、李云鹤等专家在 1988—1990 年研究了壁画病害产生机理和壁画修复材料与工艺等问题。

20 世纪 60 年代，我国即已开展有关古代壁画病害的分类和现状调查，受到当时条件限制，只能用文字记录和用简单的图形标识壁画的保存现状及干预范围。后期逐步借助计算机、照相机等数字产品，使壁画病害调查有了突破性进展。经历了几十年的不断探索，针对墓葬壁画开展原址保护工作，已经取得了很多技术进步。尤其是从墓葬壁画本身研究到保护技术，以及保护理念方面都有了大幅的提高，改变了以前揭取或回填保护方式。经过半个多世纪以来的保护实践工作，截至目前，对于墓葬壁画采取的保护方法主要分为两种形式，即原址保护和迁址保护，具体有原址保护、搬迁保护、揭取保护、临摹照相提取资料等多种方式。

中国的遗址保护，始于 20 世纪 60 年代，80 年代后才在少数典型遗址进行试验性保护研究。2002 年《中国文物古迹保护准则》的颁布，标志着我国遗址保护理念发展进入成熟阶段，也表明和国际接轨。1943 年，敦煌艺术研究所的成立标志着我国壁画科学保护的开启。《古代壁画病害分类标识规范》《古代壁画病害与图示》《古代壁画保护修复方案编制规范》① 的公布确立了我国壁画保护工作的规范性。

虽然国内外对于墓葬壁画的保护修复已经取得了大量科研成果和经验积累②,但很多墓葬壁画仍然存在自然环境损害、微生物侵蚀等病害,以及保护技术、经济技术的制约,甚至面临人为破坏的风险。尤其原址保护方式,一直是文物保护领域③的一大难题和亟须解决的重大科研攻关课题,需要持续不断的科学保护技术探索和保护理念的创新。经过我国文物保护工作半个多世纪以来的保护实践④,截至目前,对于墓葬壁画普遍采取的保护方式主要分为四种形式,即原址保护、迁址保护、壁画揭取保护及临摹、复制与再现等方式。

1. 原址保护

原址保护主要采用回填、封护及建设保护设施并开放展示等手段,而回填或封护是比较常用的办法。长期回填或封护保护基本上很少再揭开,墓室中壁画保存状况如何不得而知,如内蒙古赤峰宝山 1、2 号辽代壁画墓⑤等。西安交通大学西汉壁画墓⑥、洛阳玻璃厂东汉壁画墓等采用完全不封护状态,并建设简易保护设施和监测装置,不定期开放参观或定期监测壁画保存状态。而原址保护的另一种手段是建设墓葬原址陈列馆或博物馆而对外长期开放参观,如新疆吐鲁番阿斯塔那壁画墓、河南密县打虎亭汉墓等。另外一些壁画墓因发掘时壁画保存状况较差,虽曾原址回填保护,但事实上已不复存在。

2. 迁址保护

迁址保护,通常采用揭取壁画和搬迁墓室相结合或整体搬迁⑦墓室而异地修复保存等方式。据不完全统计,我国已有近 60 座壁画墓实施了异

---

① 《古代壁画保护修复方案编制规范》(GB/T 30236 - 2013),中国标准出版社 2013 年版。

② 王丽琴、马珍珍、赵西晨:《关于壁画保护理念的探讨》,《江汉考古》2012 年第 2 期。

③ 马里奥·米凯利、詹长法:《文物保护与修复的问题》,文物出版社 2009 年版,第 210—215 页。

④ 魏象:《壁画墓葬保护的浅见》,《东南文化》2005 年第 6 期。

⑤ 吴玉贵:《内蒙古赤峰宝山辽壁画墓"颂经图"略考》,《文物》1999 年第 2 期。

⑥ 孙民柱:《西安交大校园西汉壁画墓及其墓主人考证》,《西安交通大学学报》(社会科学版)1998 年第 2 期。

⑦ 李在青、郝月仙:《太原刚玉元代壁画墓搬迁保护》,《文物世界》2016 年第 5 期。

地搬迁保护①②③④⑤，分三种方式。第一种方式为解体搬迁保护，例如1973 年发掘的甘肃嘉峪关新城 5 号魏晋壁画墓解体搬迁至甘肃省博物馆，采用半地下式复原保护⑥，1975 年开始不定期开放参观。近年来，发现墓室因渗水及潮湿环境等因素影响，壁画发生了病害。洛阳地区的西汉卜千秋壁画墓和打鬼图壁画墓，1987 年壁画墓被移至该馆地下精品展区；2000 年，为使壁画保持恒久稳定环境，两座墓被封存；2007 年底，解决渗水问题，根治了水患问题，但 2012 年，又出现了盐害结晶和霉变现象，敦煌研究院随即展开了科学分析和有效保护。第二种方式为壁画与墓砖搬迁复原方式，2008 年河南巩义市涉村镇施工中发现一座宋代壁画墓，文物部门对该墓临摹壁画后，进行整体揭取，继而进行搬迁复原。第三种方式为整体搬迁异地保护，随着文物保护理念和技术的进步，以及文物保护经费的大力投入，国内部分地区已经开始对一些文物价值重大、异地搬迁保护可行的壁画墓实施了所谓的"整体打包"吊装搬迁的保护方式。

3. 壁画揭取保护

出土墓葬壁画长期深埋地下，受温湿度、微生物、植物根系、地质环境、自然灾害等因素的长期作用与影响，地仗层材料和壁画颜料在潮湿环境下强度变低，易产生霉变、开裂、空鼓、起甲、分化、剥落等病变，且往往受出土壁画保存状况、保护技术水平、现场保存条件等因素所限，原址保护难度极大，多数壁画选择科学有效的揭取保护抢救工作。⑦ 陕西历史博物馆保存有包括章怀太子墓、新城公主墓等 20 多座唐

---

① 杨露：《西安建大解决国内首例唐墓壁画整体搬迁难题》，《陕西日报》2016 年 4 月 7 日第 1 版。

② 高雅敏：《大同整体搬迁两座辽代壁画墓葬》，《大同日报》2015 年 7 月 8 日第 1 版。

③ 杨蕊：《河南登封宋代壁画墓整体搬迁》，《中国文物报》2011 年 6 月 8 日第 1 版。

④ 李海河：《磁县宋代壁画墓葬整体搬迁》，《河北日报》2010 年 6 月 16 日第 2 版。

⑤ 刘文兵：《揭取的库伦辽墓壁画搬迁中的保护》，中国文物保护技术协会第三次学术年会论文，杭州，2004 年 5 月，第 88 页。

⑥ 薛俊彦：《嘉峪关魏晋壁画墓五号墓的搬迁与半地下复原研究》，《文物保护与考古科学》1997 年第 1 期。

⑦ 姚黎暄：《非平面类连砖揭取壁画的支撑体病害分析与保护研究》，硕士学位论文，西北大学，2013 年，第 11 页。

墓中揭取的各类珍贵壁画近 600 幅，达 1000m^2。

4. 临摹、复制与再现

墓葬壁画的影像图文资料提取、临摹以及复制不但是保存壁画历史信息的重要手段，也是实现壁画墓原址保护和展示利用的有效方式。如河南新密打虎亭汉墓博物馆在壁画墓近旁复制一座壁画墓，供公众参观学习。

以"壁画保护"为主题词展开研究，借助中国知网（CNKI）数据库进行检索，检索时间设置为 1981 年 1 月—2021 年 12 月，来源类别选择"北大核心""CSCD"和"CSSCI"等核心期刊，一共得到 495 个搜索结果，其次剔除其中的无作者的通讯、编辑部声明等非学术论文等数据信息，最终经过筛选后得到 492 篇有效数据。

通过壁画保护领域的发文量来看，发表论文数量总体呈上升趋势（图 1－11）。可以大致看出，我国古代壁画保护领域的发文趋势总体呈现渐进式增长，在一定年份内，呈现倒"U"形趋势，大致可以分为四个阶

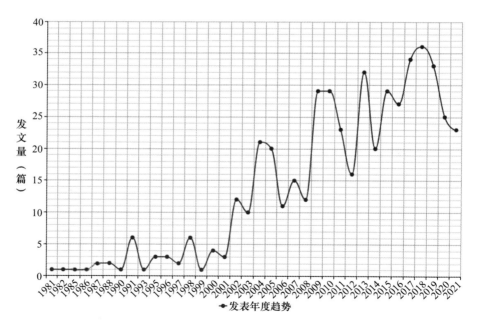

图 1－11 "古代壁画保护"发文量年度分布

段：第一阶段为 1981 年至 2000 年，论文发表数量较少，平均年发表论文数在 1 篇至 6 篇；第二阶段 2001 年至 2005 年，平均年发表论文数在 10 篇至 20 篇；第三阶段 2006 年至 2012 年，平均发表论文数量在 11 篇至 29 篇；第四阶段为 2013 年至 2021 年，论文发表数量大致在 11 篇至 36 篇。

利用 CiteSpace 软件将 Node type 设置为机构，以年度为单位进行时间切片，按照"发文数量排名顺序，机构发文量最低为 2 篇"的原则展开"机构合作网络"指标研究，生成了"古代壁画保护"研究机构的合作网络知识图谱。不难看出，发文数量在 10 篇以上的单位或机构有敦煌研究院、陕西历史博物馆、兰州大学、古代壁画保护国家文物局重点科研基地、西北大学等文博科研单位、高等院校节点较大，节点越大表示发文量越多，其发文量分别为 62、24、22、14、14 篇（图 1 - 12）。

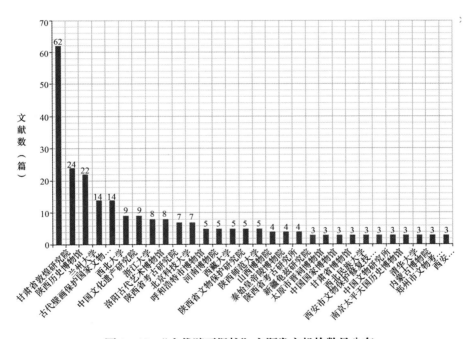

图 1 - 12 "古代壁画保护"主题发文机构数量分布

从合作网络强度来看（图 1 - 13），机构之间合作较为紧密，形成了跨学科的推动力，对壁画保护的理论创新进行有效的支撑，形成了协同连接网络，促进了产学研的科研模式的探索。来自科研单位、高等院校、博物馆、文物相关单位等的壁画保护专家、学者的论文内容涉及古代壁画的历史、题材、壁画揭取①、病害分析研究、壁画数字信息化技术等多方面内容。

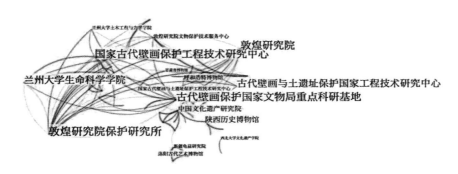

图 1－13　"古代壁画保护"科研机构合作网络

　　根据 1981—2021 年在中国知网发表的壁画保护相关研究的文章，其研究主题的频次较高的关键词（图 1－14）包括支撑体、地仗层、壁画病害、渗透加固等。我国文物保护学者从 1956 年开始尝试用胶矾水修复起甲壁画，20 世纪 80 年代以后，针对不同类型的病害，研究人员提出了加固修复不同病害壁画的保护方法和工艺。② 壁画保护方面，涵盖了壁画的预防性保护、颜料分析、病害调查分析、现状评估、抢救性保护修复、表面覆盖物处理、霉菌去除、残缺补全、病害处理方法、支撑保护、模拟修复、修复实例等多方面内容，给壁画保护修复提供了新思路。

　　20 世纪 80 年代后，计算机技术的快速发展及其在各个领域的使用推广，计算机图形学、数字图像处理与人工智能等技术的逐渐成熟，为古代珍贵文物的保护、复原与研究提供了新的手段与方法。我国的壁画数

---

　　① 　张晓岚：《塔尔梁五代墓葬壁画现场保护揭取工作的思考》，中国文物保护技术协会第七次学术年会论文，镇江，2012 年，第 6 页。

　　② 　陈家昌：《关于壁画揭取保护中"干涉层"的使用和"地仗层"的去留问题》，《文物保护与考古科学》2004 年第 3 期。

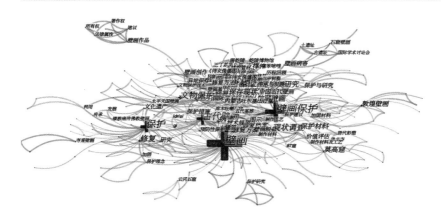

图 1-14　1981—2021 年"古代壁画保护"研究的知识图谱

字化工作开始于敦煌莫高窟，20 世纪 90 年代，敦煌研究院联合浙江大学开展了"濒危珍贵文物信息的计算机存贮与再现研究"，2000 年又进一步与美国梅隆基金会决定共同建立"数字敦煌"项目。壁画数字化方面[1]，主要涉及壁画数字采集及应用、壁画高保真数字化技术及实践、文物色彩信息数据化技术等相关研究前沿。

综上所述，通过壁画保护研究人员的不断探索与实践，在过去的几十年中已找到多种适用于各种类型壁画病害保护的修复材料与工艺，但有关保护材料（尤其是传统材料）的研究仍需不断深入。

三　壁画盐析治理保护进展

近四十年来，国际与国内文物保护界研究者，借助 SEM、XRD、红外色谱仪、离子色谱仪等表征手段对岩土质文物盐害机理从宏观、微观等角度进行分析研究。

Wellman[2] 等将盐类结晶导致的岩石破碎现象描述为盐类风化。

---

① 常亚平：《山西寺观壁画保护技术》（一），《古建园林技术》2004 年第 4 期。

② Wellman, H. W., A. T., Wilson, "Salt weathering: A neglected geological erosive agent in coastal and arid environments", *Nature*, Vol. 4976, No. 205, March 1965, 205 (4976): p. 1097.

Francesca Frasca[1] 等将盐类风化描述为可溶盐在岩石表面结晶而致使其破坏的形式，探索出可溶盐在土体孔隙中的运移是盐害产生的根蒂。Lbpez-Acevedo 等通过硫酸钾、硫酸镁、硫酸钠等盐溶液浸泡实验，模拟出不同可溶盐结晶造成的酥碱、疱疹等病害，通过实验研究得出硫酸钠与芒硝之间的转化过程产生的压力，能够破坏孔壁结构。Rijniters[2] 等发现，3MPa 时，孔径 <100 纳米时硫酸钠易于结晶，而氯化钠则小于 5mm 时才会结晶。Scuherer[3] 等判断氯化钠不是盐析病害产生的致病因素。

壁画盐析病害也被学术界认为是壁画的"癌症"，是由于壁画土体中的可溶盐分在地下水的运移作用下，在壁画表面形成结晶，是盐类风化的一种。盐害的形成既影响了壁画表面精美图案的展示，严重时又会致使壁画颜料层、地仗层等结构层因力学性能差异而脱落、分离，由于壁画的表面信息一旦损毁则无法恢复，将会造成人类文化遗产无法挽回的损失。而该类病害往往发生后具有不可逆性，目前主要针对该种病害采取"预防为主"的保护方式。Zehnder[4] 等对建筑壁画酥碱病害追踪观察，发现湿度变化致使的酥碱现象与水盐运移具有显著的相关性。Alison S.[5] 等认为，反复的溶解和结晶的循环作用发生波动的环境条件，诱导在壁画等材料孔隙中的机械应力的改变，以致表面剥落。壁画土体孔径分布，相对湿度和温度的变化均是导致壁画盐析劣化的致病因素。

国内对壁画盐害机理及治理的研究从 20 世纪 80 年代起，国内壁画保

---

① Francesca Frasca, "A Comprehensive Study of the Microclimate-Induced Conservation Risks in Hypogeal Sites: The Mithraeum of the Baths of Caracalla (Rome)", *Sensors*, Vol. 20, No. 11, June 1999, p. 45.

② Lourens A. Rijniers, "Salt crystallization as damage mechanism in porous building materials-a-nuclear magnetic resonance study", *Magnetic resonace imaging*, Vol. 23, No. 2, June 2005, p. 273.

③ Scuherer G. W. "Stress from crystallization of salt", *Cement and Concrete Research*, Vol. 34, No. 9, January 2004, p. 1613.

④ Zehnder K. "Long-term monitoring of wall paintings affected by soluble salts", *Environmental Geology*, Vol. 52, No. 2, January 2007, p. 353.

⑤ Alison S., Clifford P., "Salt damage at Cleeve Abbey, England: Part I: a comparison of theoretical predictions and practical observations", *Journal of Cultural Heritage*, Vol. 6, No. 3, 2005, p. 130.

护专家围绕莫高窟盐害进行初步探究，张明泉等①通过研究，指明水盐运移是壁画盐害的致病因素。郭宏等②、王旭东等③、段修业④等、靳治良⑤等、郭青林等⑥、陈港泉等⑦、于宗仁等⑧、苏伯民等⑨、杨善龙⑩分别对敦煌莫高窟盐害酥碱的机理进行了探索，揭示出石窟壁画中的盐析损毁机理。敦煌研究院、陕西文物保护研究院、兰州大学、西北大学、陕西师范大学等壁画保护学者、专家们从宏观、微观角度给予壁画盐害机理以不同角度的阐释。

国际和国内学者们的研究，从壁画结构组成和外部环境因素等进行系统性分析，认为壁画盐害主要受不同地质环境、可溶盐类型、土体微观结构、微环境等几个方面影响。⑪ 综合来看，以上研究多是以建筑壁画、洞窟壁画为本体进行研究分析，对于墓葬壁画的水盐运移规律的研究，目前所做的研究还不甚系统、全面。

墓葬壁画盐析病害是现今壁画类文化遗产保护领域中的研究热点与难题。近年来，国内外一些文物保护研究机构已相继展开对壁画盐析危

① 张明泉、张虎元、曾正中等：《莫高窟壁画酥碱病害产生机理》，《兰州大学学报》1995年第 1 期。

② 郭宏、李最雄、裘元勋等：《敦煌莫高窟壁画酥碱病害机理研究之三》，《敦煌研究》1999 年第 3 期。

③ 郭青林、王旭东、薛平等：《敦煌莫高窟底层洞窟岩体内水汽与盐分空间分布及其关系研究》，《岩石力学与工程学报》2009 年第 S2 期。

④ 段修业、傅鹏、付有旭等：《莫高窟第 16 窟酥碱悬空壁画的修复》，《敦煌研究》2005年第 4 期。

⑤ 靳治良、陈港泉、钱玲等：《莫高窟壁画盐害作用机理研究》（Ⅱ），《敦煌研究》2009年第 3 期。

⑥ 郭青林：《敦煌莫高窟壁画病害水盐来源研究》，博士学位论文，兰州大学，2009 年，第43 页。

⑦ 靳治良、陈港泉、钱玲等：《基于莫高窟成盐元素相关系探究壁画盐害作用机理》，《化学研究与应用》2009 年第 4 期。

⑧ 陈港泉、于宗仁：《莫高窟第 351 窟壁画疱疹和壁画地仗可溶盐分析》，《敦煌研究》2008 年第 6 期。

⑨ 苏伯民、陈港泉：《不同含盐量壁画地仗泥层的吸湿和脱湿速度的比较》，《敦煌研究》2005 年第 5 期。

⑩ 杨善龙：《敦煌莫高窟崖体中水、盐分布现状初步研究》，硕士学位论文，兰州大学，2009 年，第 15 页。

⑪ 靳治良、陈港泉、钱玲等：《莫高窟壁画盐害作用机理研究》（Ⅰ），《敦煌研究》2008年第 6 期。

害及其治理对策的研究，为此进行了大量实验，总结出一些科学有效的方法，如脱盐法、防渗处理、壁画本体化学加固等方法。

由敦煌研究院组织研究的《古代壁画脱盐关键技术研究项目》，系统全面地揭示出壁画盐害的机理及脱盐相关关键技术。《古代壁画地仗层可溶盐分析的取样》[1] 提供了可溶盐调查取样的标准方法。《古代壁画脱盐技术规范》[2] 确立了酥碱壁画脱盐的标准及实施工艺，利用脱盐垫（壁画保护层、脱盐材料层、缓冲层）、带有气孔的支撑板等对壁画进行无损脱盐，在一定程度治理建筑壁画、洞窟盐析现象。美国盖蒂文物保护研究所和敦煌研究院采用新型吸水脱盐灌浆材料应用于敦煌莫高窟空鼓壁画中，对酥碱病害的治理起到良好的效果。在对陕西仓颉庙建筑壁画盐害治理中，使用聚丙烯酰胺脱盐材料和真空脱盐的方法，效果良好。防渗处理是切断墓葬壁画水分的迁移路径。郑彩霞等、郭青林等通过分析研究，建议对敦煌莫高窟前的土壤水进行工程防渗处理，阻断包气带水分运移。

目前，对于遗址类防治盐析病害的化学方法，特别是壁画盐析病害防治研究较少。化学方法主要是针对壁画进行加固和盐害防治保护。Rodorico Giorgi 等[3]针对墨西哥 Calakmul 地区的 Maya 时期壁画的酥碱等病害现象，采用了原位渗透氢氧化钡保护试剂，达到了一定的保护效果。肖秀芝曾提出用低浓度的草酸和盐酸溶液清洗盐析的混凝土建筑，但因此法对建筑表面有一定程度的损害，因而不能应用在具有历史意义的文物建筑上。马泰尼、道尔蒂等人也尝试将有机硫酸盐、草酸和人工草酸钙等应用于石刻雕塑盐析治理，具有一定的作用。盖蒂保护研究所于2004 年启动了"盐的损害和减轻方法"的研究项目。英国研究者研究石灰质教堂的风化作用，探明氯化钠是其主要致病因素，且存在显著的季节性变化规律。美国 C. Selwitz 等[4]证明了 $K_4Fe(CN)_6$ 对氯化钠的抑制作

---

① 《古代壁画地仗层可溶盐分析的取样》（WWW – T0032 – 2010），文物出版社 2010 年版。

② 《古代壁画脱盐技术规范》（WWT 0031 – 2010），文物出版社 2010 年版。

③ Rodorico Giorgi, "Nanoparticles of calcium hydroxide for wood deacidification：Decreasing the emissions of organic acid vapors in church organ environments", *Journal of Cultural Heritage*, Vol. 10, No. 2, June 2009, p. 208.

④ C. Selwitz, E. Doehne. "The Evaluation of Crystallization Modifiers for Controlling Salt Damage to Limestone", *Journal of Cultural Heritage*, Vol. 3, No. 3, September 2002, p. 206.

用及其对多孔质岩石中的 NaCl 结晶行为的影响，提出 NaCl 的结晶析出有一定的抑制作用。

四 壁画风化褪色机理概述

五彩斑斓的世界之所以能够呈现在人们的面前，主要是因为物体对光选择性的吸收、反射、折射和散射，反射光作用于人的眼睛，人们才能看到不同的色彩。物质的组成和结构决定了对光的选择性，所以说人们肉眼看到物体的色彩是光与物质反复作用或者是光与光相互作用的结果，并非一定是物质选择性吸收光以后所反射出来的光，但红、黄、蓝三原色组成了千变万化的自然界的颜色。[①]

（一）风化褪色机理

光的反射主要存在单向反射和漫反射两种，漫反射是指入射光被那些粗糙的、凹凸不平的表面无规则地向多角度反射出去的现象。[②] 这些反射光线很分散，且光的强度变弱，所以我们看到的物体就不那么耀眼了，但能够从不同的角度看到物体。[③] 两者的区别在于反射面是否光滑、能否成像，反射光是否"耀眼"，其中反射面是否光滑是其本质区别。[④] 这一切取决于反射体表面平滑度，单向反射容易发生的物体其表面光滑，漫反射容易发生的物体其表面粗糙，如图 1 - 15、图 1 - 16 所示，物质的不均匀性和表面粗糙度是光散射发生的两个决定性因素。

颜色的三个属性（饱和度、色调、亮度）主要由光源和物体本身来决定。颜色纯度、彩度也被称作饱和度，指的是颜色鲜艳的程度，消色成分（灰色）与含色成分的比例决定了颜色的饱和度。[⑤] 含色成分和消色成分将分别与饱和度形成正反比的关系。在光照条件下，物体颜色的饱和度与色彩鲜亮程度成正比。表面对反射光的选择性和成色物的表面结构决定其物体的饱和度。物体的颜色与光散射强度也有关，散射能力越强，颜色的饱和度越低，颜色也越暗淡、模糊。饱和度受光泽度、白度、

---

① 贺克强：《物质呈色机理探讨》，《大学化学》1992 年第 2 期。

② 古名学：《物质显色机理的再探讨》，《西南农业大学学报》1996 年第 4 期。

③ 范健：《物质的颜色是怎样产生的》，《化学通报》1982 年第 12 期。

④ 岑天庆：《球面镜反射的是镜面反射还是漫反射》，《物理通报》2010 年第 1 期。

⑤ 邢海根：《镜面反射和漫反射》，《中学生理科月刊》1998 年第 17 期。

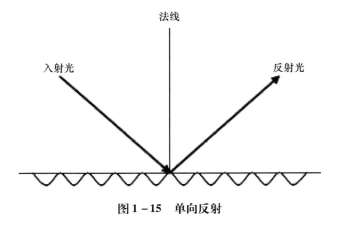

图1-15 单向反射

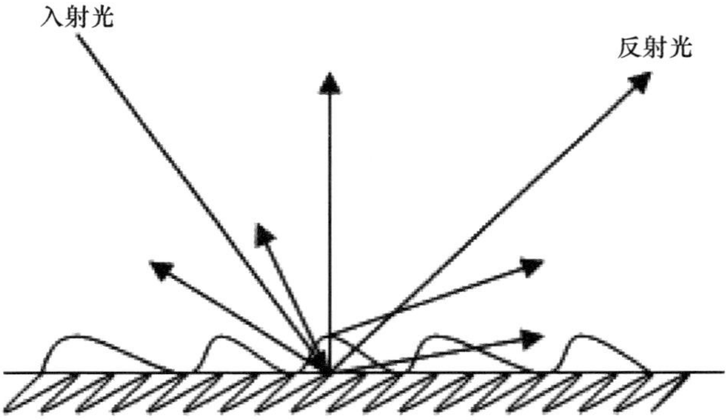

图1-16 漫反射

孔隙率、粗糙度的影响依次减小。[1]

物质的不均匀性和表面粗糙度造成光散射现象的发生，当介质中有光线通过时，如果介质均匀不会从原来的方向偏离，由于介质的不均匀性，导致各处的折射率不一致，从而使得光线朝各方向散开。[2] 这是因为在光的作用下组成物质的分子或原子在光传播时发生极化，在所有方向的次波，改变了光强的空间分布，如果在很小的范围内折射率有比较大的变化[3]，散射效应就会明显增强。例如，天空的蓝色就是由于不规则的

① 徐更奋：《如何判断镜面反射与漫发射》，《中学物理》2011年第4期。

② 李春艳、褚夫强：《不同纸张喷墨打样颜色饱和度的研究》，《中国造纸》2010年第12期。

③ 程真：《谈绘画色调关系规律及技巧》，《艺术理论》2009年第6期。

分子运动使大气中的介质产生不均匀性，而导致太阳光发生散射所产生的。由于介质中光波的传播迫使电子做振动，使得次级电磁波发出。[1] 这些次级电磁波之间存在一定的相位关系，在传播方向上相互叠加，而在其他方向上相互抵消。[2] 当遇到均匀介质时，次波与入射光具有相同的频率，在侧方向上的次波由于干涉而相互抵消得比较完全，光散射没有产生，但与不均匀介质相遇时，就会破坏这种次波的抵消，产生光散射。[3]

　　介质光学的性质由两方面的因素决定，一方面，在均匀介质中有很多不同折射率的物质存在；另一方面，是由于物质本身容易发生不规则的聚集或凝聚在一起。一般小于光的波长的介质微粒的线度容易造成介质光学性质的不均匀。[4] J. W. S. 瑞利研究了散射现象的起因，造成散射现象的粒子波长更小，而瑞利散射定律在 1871 年被提出：波长 λ 的四次方与散射光在特定方向上的强度是成反比的；某些波长的散射光强与 $1 + \cos\theta$ 是成正比的。因为通常它们大量的无特定规律的排布，毁坏了介质的统一性，即光学性质会有较大差异。依据洛伦兹电子理论可知，在入射光作用下，这些杂质微粒是产生光散射次波的波源。当光与产生光散射的颗粒相互作用时，它们之间的振动就没有固定的相位关系，彼此的相位之间也存在一定的差别，因此，次波相互叠加的结果是除了部分光波仍沿着几何光学规定的方向传播外，而向各个方向发射的次波产生不相干叠加则不会相互抵消，从而形成散射光。

　　壁画的颜料层发生酥粉、风化褪色等病害主要是因为连接颜料颗粒间的连续性介质胶结材料，由于遭到大气中不利因素的破坏发生老化、降解，内部出现孔隙，空气和其他微粒（灰尘）侵入微孔，使颜料层形成一种"空气（空隙）—粒子（间隔）"界面。折射率、粒径、分散性又决定着物体表面对光的散射能力。此种情况下引起光散射的主要原因是胶料发生老化、降解，附着力降低，颜料颗粒间的内聚力减小，部分颜料脱落，形成很多微小孔隙，以及外来杂质粒子的侵入，最终导致表

---

① 胡更生：《胶印印品色偏现象分析》，《印刷平台》2010 年第 6 期。
② 刘武辉：《印刷色彩学》，化学工业出版社 2004 年版，第 120 页。
③ 陈红：《光的散射》，《科教文汇》2007 年第 4 期。
④ 魏智：《浅谈光的衍射、色散和散射的区别》，《数理化学习》2008 年第 3 期。

面粗糙度增加，介质的不均匀性增强，空气、灰尘和颜料、胶料层间折射率的差异，都使光散射能力增强，颜料的色彩随着饱和度的下降会变得暗淡。[①] 经典的 Mie 散射理论可以知道，光散射的影响因素是折射率、颗粒大小和分散性。

（1）折射率：颜料和基料（载色剂）之间的折射率差决定了光散射能力大小，其关系可用弗莱斯公式：$R = [(n_2—n_1)/(n_2 + n_1)]^2$ 来表示，其中 R 为相对反射率，n_1 为基料的折射率，n_2 为颜料的折射率。由公式可知反射率、体系中的光散射能力与颜料和基料的折射率的差成正比。

（2）粒径：颜料颗粒的粒径对光散射能力也起着决定性的作用，随着颗粒粒径的增大，其光散射能力会出现一个最大值，K. Nasao 在《颜色的物理与化学》专著中描述过具有细粉末粗糙表面颗粒尺寸与散射强度的关系（图 1 - 17）所示。达到最大能力的光散射，颜料粒子直径 D 和入射光的波长 λ，颜料、漆料的折射率 n_1、n_2 之间的关系由公式：$D = 2\lambda[\pi(n_1 - n_2)]$ 表示。在理论上，通过测量光散射的空间分布，可以计算出粒度分布，颗粒尺寸和浓度。

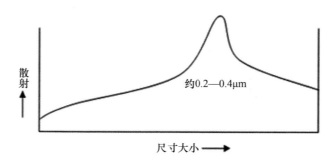

图 1 - 17   粒径与散射关系

注：由图可看见，当颗粒尺寸大约为可见光的一半（0.2—0.4μm）时，光散射最有效。

（3）分散性：均匀分散到介质中的粒子，表面粗糙度和密度相对也是均匀。分散性好的物质其表面积大。颜料或污染物颗粒发生任何过多

---

① 王自亮、赵恩标、吕银庄等：《粉尘浓度光散射测量影响因素的分析》，《煤炭学报》2007 年第 6 期。

的凝聚、聚集和絮凝，都会对光的散射能力产生不良的影响，即降低介质本身密度和粗糙度的均匀性（密度涨落），使光散射增强。

Mie散射理论：前向散射能力随颗粒的增大而增强，后向散射能力随颗粒的增大而减弱，即颗粒越大，散射增强。光散射增强，散射界面增大，导致颜料色彩在视觉上看起来淡化，甚至消失。[1]

（二）显现加固机理

褪色壁画的显现机理主要是通过高分子聚合物与非挥发性液体完全渗透过颜料层，形成了稳定的半固体，其内部孔隙被填充，其内部空气被排除，"空气（空隙）—粒子（间隔）"界面得到消除而导致光散射现象的产生。[2] 所以显现风化褪色的文物彩绘时，表面污物需要去除到一定程度才能通过显现加固剂恢复原始面貌。由图1-18、图1-19不同表面对光的反射作用明显看出未加显现剂的颜料胶料层表面粗糙、不均匀，所以对入射光产生散射作用，加入显现剂后，此非挥发性液体彻底填充孔隙，表面粗糙度降低，减小光散射作用，光反射强度增加，恢复原貌。

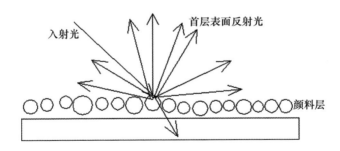

图1-18　未加显现剂的光反射

显现加固剂应该是一种填充颜料层表面孔隙，消除导致光散射的"空气（空隙）—粒子（间隔）"界面的材料。光显现加固剂主要是通过渗透颜料层和地仗层来填充表面孔隙，消除光散射界面。协同颜料层、胶料层同时可以被显现加固材料加固，使其不会因受到自然环境的影响而再次褪色，从而达到显现加固的目的。

---

① 复旦大学《物理学》编写组：《物理学》，人民教育出版社1980年版，第55页。

② 秦庆戊：《新型光散射材料的研制与开发状况》，《化工新型材料》2000年第4期。

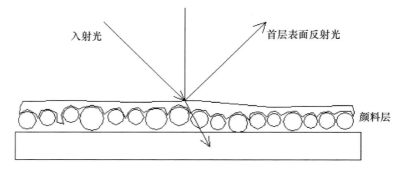

图1-19 加显现剂的光反射

五 壁画的预防性保护

（一）预防性保护的概念和发展历程

预防性保护是根植于欧洲现代遗产保护理论和实践土壤而逐渐发展形成的专业术语，为英文"preventive conservation"的直译。提及预防性保护，若无特别说明，一般指的是博物馆藏品、艺术品保护领域。[①] 1930年在罗马召开的第一届艺术品保护科学方法研究国际会议上最早明确了博物馆藏品预防性保护的大致工作框架，但当时还没有使用"preventive conservation"这一术语。基于笔者目前掌握的有限文献，博物馆领域于20世纪70年代开始使用"preventive conservation"这一术语，考古遗址领域则于20世纪90年代开始使用，而建筑遗产领域则是21世纪初才开始使用。现今国际上在博物馆和艺术品领域已经构建了一套关于预防性保护的知识体系和规范性参考框架。而在考古遗址、建筑遗产和历史景观等不可移动文物保护领域，预防性保护则是相对比较新的概念。类似于当今不可移动文物预防性保护的有些相关做法则古来有之，结合西方遗产保护历史，也可以发现历史上在不可移动文物领域与"preventive conservation"相关的学术术语有很多，如19世纪中叶约翰·拉斯金（John Ruskin，1819—1900）提倡的保养（Care）、20世纪五六十年代切萨雷·布兰迪（Cesare Brandi，1906—1988）提出的预防性修复（Preven-

---

① Alison S., Clifford P., "Salt damage at Cleeve Abbey, England: Part I: a comparison of theoretical predictions and practical observations", *Journal of Cultural Heritage*, Vol. 6, No. 3, 2005, p. 132.

tive Restoration)、1970 年代乔凡尼·乌尔巴尼（Giovanni Urbani，1925—1994）的计划性保护（Programmed Conservation）、20 世纪 80 年代伯纳德·费尔登（Bernard M. Feilden，1919—2008）的预防性维护（Preventive Maintenance）和 20 世纪 90 年代末斯特法诺·戴拉·托雷（Stefano Della Torre，1955— ）的计划性保护（Planned Conservation）等。这些不同历史阶段出现的不同表达，可以帮助我们理解当时遗产保护界的关注热点和学者所提新概念的缘由，也可以帮助我们了解不可移动文物预防性保护的历史发展过程。2006 年建筑遗产的预防性保护作为专题研究获得欧盟第六科研框架计划（FP6）资助 4，2009 年"文物古迹遗址预防性保护、监测和日常维护的联合国教科文组织教席"（UNESCO Chair on Preventive Conservation，Monitoring and Maintenance of Monuments and Sites，PRECOM3OS）成立，这可被视为是国际上不可移动文物预防性保护的一个里程碑事件，自此与此相关的国际—国家—地方—省市各个层面的研究课题、会议和相关实践项目都得以展开，其研究成果也不断呈现，逐渐形成了当今不可移动文物预防性保护的体系，其概念和框架还在不断演变和完善。

2011 年由东南大学和比利时鲁汶大学联合举办的"建筑遗产的预防性保护国际研讨会"在南京召开，国家文物局、各省（区、直辖市）文物局、故宫博物院以及国内外高校和科研机构均有代表参加，借此机会预防性保护这个概念在国内建筑遗产保护的管理层和学术界内得到一定程度的传播，但到目前为止国内学者对于此方面的学术研究还是非常有限的，与此相关的实践也是处于摸索阶段。近几年，国家政策层面开始逐渐重视文化遗产预防性保护问题，如《国家文物事业发展"十三五"规划》要求"实现由抢救性保护向抢救性与预防性保护并重转变，保障文物安全"，在 2018 年底修订的《国家文物保护专项资金管理办法》中则明确设立了"预防性保护"专项，这些为国内开展预防性保护研究与实践提供了助力。但是总体而言，对于预防性保护，国内目前还是处于概念推广阶段。

（二）遗址类文化遗产的预防性保护

根据《中华人民共和国国民经济和社会发展第十四个五年规划和2035 年远景目标纲要》和《"十四五"文物保护和科技创新规划》，国家文物局组织制定了《大遗址保护利用"十四五"专项规划》。其基本原则指出，坚持创新驱动。推动大遗址保护利用理论创新、技术创新、方法创新，不断健全中国特色大遗址保护利用理论制度体系。充分发挥科技创新的支撑作用，提高科技成果转移转化成效，做好遗址类文化遗产的预防性保护工作。陕西省"十四五"文物事业发展规划中指出，保护理念方面，由"抢救性保护"向"预防性保护"转变的理念有待加强。

2018 年 7 月 6 日中央全面深化改革委员会第三次会议审议通过的《关于加强文物保护利用改革的若干意见》，该意见指出：可移动文物预防性保护实践的主要范围是："文物保存环境监测：将温度、湿度、有机挥发物、光照、紫外线数值和有机污染物等污染物指标纳入考量范围，并且配备相应的监测终端；重视基础数值的检测，对所得数值进行备份和分析，同时防范潜在风险，做好预警工作。"

国外在环保仪器、环保监测方面的研究起步早。自 20 世纪 50 年代以来，国际上许多与博物馆环境研究相关的国际性组织与国家级研究机构相继成立，例如国际博物馆协会、国际历史与艺术品保护研究所和国际文化遗产保护与修复研究中心等国际性组织与英国、加拿大文物保护研究所和美国盖蒂文物保护研究所等机构。

早期我国文物保护研究比较薄弱，博物馆馆藏文物保存环境质量普遍较差。随着文化遗产保护理念转向了主动预防性保护，各个区域都将藏品保存环境监测和检测工作提上了日程，针对藏品保存环境的科学研究也迎来了显著的进展。国家文物局自 2001 年就将馆藏文物保存环境研究列为文物保护科技发展规划的重点，把环境监测分析、环境质量标准、管理规范、工程实践等诸多工作纳入了科研范畴，并且取得了一定的成果。

然而，文物环境监测装置及其预防性保护方法主要针对博物馆的馆藏文物，针对遗址类文化遗产目前国内外研究不甚系统、全面、深入，有待进一步围绕《大遗址保护利用"十四五"专项规划》，推动大遗址保护利用理论创新、技术创新、方法创新，充分发挥科技创新的支撑作用，提高科技成果转移转化成效，丰富保护利用传播技术手段，促进中华优秀传统文化创造性转化、创新性发展。

（三）古代墓葬壁画的预防性保护探索

古代墓葬壁画，作为人类历史与文化的重要载体，承载着丰富的历史信息和艺术价值，是连接过去与现在的桥梁。然而，这些珍贵的壁画往往因长时间的自然侵蚀和人为干扰而面临严重的保护挑战。因此，实施全面而系统的预防性保护措施，对于确保这些壁画得以完整保存及传承，具有不可估量的意义。

预防性保护的核心在于环境控制，墓葬壁画通常位于相对封闭且潮湿的地下环境中，这使得温湿度控制成为首要任务。通过安装适宜的温湿度调节设备，可以精确控制墓室内部的温度和湿度，使之保持在壁画材料最为稳定的范围内。既能防止高温导致的颜料层脱落，又能避免低温引起的壁画开裂。同时，对于光照的控制同样重要。紫外线对壁画颜料层长期照射，极易导致颜色蜕变和材质老化。因此，需要采用符合文物保护标准的照明系统，并严格限制照明时间和强度，以减少对壁画的损害。此外，空气质量的监测和维护也是不可忽视的一环。尘埃、有害气体等污染物会加速壁画的老化过程，因此必须保持墓室内部的空气清洁，定期进行空气净化处理。除了环境控制外，物理防护也是预防性保护的重要组成部分。墓葬壁画往往面临着地下水渗透、地震等自然灾害的威胁。为了防止地下水渗透，可以采取设置防水层、设计排水系统等措施，确保墓室内部保持适宜的湿度。同时，为了增强墓室的抗震能力，可以加固墓室结构，设置减震层等。日常维护与监测也是预防性保护的重要内容，借助现代科技手段进行环境监测也是必不可少的。通过安装温湿度传感器、光照强度计等设备，可以实时监测墓室内部的环境参数，确保它们始终保持在适宜范围内。同时，需要建立详细的壁画档案，档案中应记录壁画的现状、保护历史、环境变化等信息，为后续的保护工作提供科学依据和参考。

对于墓葬壁画的原址原位保护，由于墓葬微环境温度、相对湿度等的循环变化，盐析现象不可避免地反复发作，因此针对壁画盐析病害，应在其产生病变的初期进行预防性保护。自然蜕变是文物实体遭受损坏的主要原因之一，这种损坏与文物所处的环境有着密切关系，开展预防性保护研究，监测、控制文物及遗址的保护环境，控制或减缓文物及遗址因自然蜕变引起的损坏将是今后文物保护发展的主要方向。近年来，随着气候的变化，在遗址类文化遗产保护过程中，大气环境中二氧化碳、水汽以及热量的变化，影响遗址微环境中的湿度、二氧化碳和热气的含量，加速物质文化遗产的破坏，造成严重的霉变、腐蚀、脱落、氧化等现象，使其遭受严重的破坏，给文化遗产保护工作带来严峻挑战，同时由于文化遗产所具有的不可再生性和稀缺性，如何实现对物质文化遗产的有效保护和可持续性发展成为物质文化遗产保护工作的难题，保护的同时如何减少资源消耗。针对传统墓葬壁画本体及赋存环境监测手段存在的局限性以及高人工成本、低效率的问题和传统采集手段采集到的数据无法共享形成数据孤岛、数据缺乏完备性以及监测过程中对土遗址造成的监测损害等问题。通过设计管理端服务，壁画保护人员可以通过浏览器访问到壁画监测环境中的健康情况，查看土遗址本体及赋存环境的实时显示，设计出壁画监测系统具备高度的通用性，为墓葬壁画的原位保护提供数据支持。

科技创新是推动预防性保护不断发展的重要动力。通过对古代墓葬壁画材料、工艺、病害等方面的深入研究，可以揭示壁画老化的内在机制和规律，为制定科学的保护策略提供理论支持。同时，不断引进和应用新技术、新材料、新方法也是提高预防性保护效率和效果的重要途径。例如，利用无损检测技术对壁画进行非接触式检测可以减少对壁画的干扰；采用纳米材料对壁画进行加固处理可以提高壁画的稳定性和耐久性；运用数字化技术将壁画信息转化为数字资源则可以实现壁画的永久保存和广泛传播。

第五节　壁画的保护步骤和方法

文物是由物质构成的，各种物质都有其产生、发展、兴旺、衰落、消亡的过程，壁画也不能逃脱这个自然规律。壁画保护要遵循文物保护"保护为主，抢救第一，合理利用，加强管理"的十六字方针。壁画保护是一项应用性和针对性很强的技术科学，主要内容和工作方案，可分实地考察、实验室试验、室内研究、整理与实施保护措施、跟踪监测等几项，并交叉穿插进行。

一　壁画保护步骤

（1）收集有关壁画文献、档案记录。了解壁画的历史的、艺术的、科学的价值，如文献资料、测量、摄影、摄像、临摹资料等。

（2）壁画现存状况的监测。壁画所处环境、位置因素的分析调查、现在材质保存情况（曾接受过的保护、修复所采用的材料和技术手段），现在破损的情况、墙壁壁质、颜料状况的监测等。

（3）壁画病害原因诊断。用现代科学分析手段结合壁画所处周围环境判断分析壁画病害的产生原因、机理。

（4）制订壁画保护方案、进行合理保护。根据以上三步确立保护方案，其原则首先应保证：①整旧如旧，不改变原状。②所选用的材料，尤其是化学材料，一定要有可逆性；对传统的材料、技术研究很重要，传统的东西往往是多年宝贵的经验和教训的结晶，有许多至今仍有科学的实用价值。③于壁画加固中不改变原画颜料的原貌。根据所要保护壁画的性质，确定是否需要进行揭取、灌浆、机械固定、清洗脱盐、加固、回贴等保护手段。

二 壁画保护材料的选择要求

（1）不改变文物原状，在壁画缺失修补问题上做到修旧如旧，远看一致，近看有区别。

（2）原料易得，制备简单；使用中对文物不产生损害，耐久性好。

（3）为了以后处理操作能够进行，材料应该去除容易，具有可逆性。

（4）选用加固剂能够深层渗透，穿过风化层，到达未风化层，将风化层和未风化的部分连接起来，不在表面形成僵硬的外壳。

三 壁画病害的修复治理方法

（一）酥碱的治理

聚乙烯醇、聚醋酸乙烯乳液作为壁画修复用黏合剂，在泥墙中的渗透力强，可以将壁画层与黏土层有机地结合在一起，而不仅是将颜料层黏附在地仗层上。使用聚醋酸乙烯乳液和聚乙烯醇修复起甲、酥碱病害的壁画时，颜色比修复前鲜艳明亮，个别颜色恢复至原来的色样。这是清除表层的尘土所致，还是本质上有所改变，是我们应该弄清的问题。应该注意的是所用材料浓度应加大，喷刷次数增多。必要的情况下还可用针管采取注射的方法加固，药剂浓度先稀后浓，同时还应加强通风措施，保持壁面的干燥。在国外有人利用缓凝剂来使壁画的白灰地仗长期处于潮湿的状态，对防止壁画酥碱也有一定的效果。

（二）空鼓、裂缝的加固方法

空鼓病害是古代壁画主要病害之一，如西藏布达拉宫东大殿病害壁画主要为空鼓病害壁画，敦煌研究院在第一期维修工程中对南壁北侧壁画采取了传统的揭取—加固—回贴的方法，抢救了珍贵的文物。这种技术方法在当时也不失为一种有效的空鼓病害壁画保护修复技术措施。但随着科学技术的快速发展，"最小介入，最大兼容"的文物保护理念得到国际文物保护界的广泛关注，并在技术上成为可能。为此，借鉴国际成功经验，参照有关标准，对空鼓壁画采取灌浆加固和锚固补强相结合的方法，取得良好效果。裂缝的处理，依据壁画泥层牢固程度和裂缝大小来定，对泥层结构为砂泥壁的壁画，在较为干燥的情况下，并且无立即脱落的危险，画面裂缝也不大，可先不作处理，待最后统一处置。如果情况相反，就需要用浓度较大的黏结力强的黏结剂进行黏合。对灰壁质，尤其是素灰壁，不论裂缝大小，均需按画面大小贴纸、布进行加固。这是因为灰壁本身脆薄，在裂缝出现的状态下遇到震动就会破碎。

（三）龟裂起甲的修复方法

这种病害的清除方法及材料的选用，在国际上进行了约一个世纪的探讨，最早使用天然高分子黏合剂来保护，随着化学工业的发展出现了性能优良的合成材料后对文物壁画的保护又转向合成材料。30年代末，国外开始用合成高分子材料用于壁画保护，取得了良好效果。1957年，捷克斯洛伐克专家格拉尔在参观我国的莫高窟时，还用合成高分子材料进行了修复试验，但由于浓度过大，使画面变暗，经过20年后观察，周围壁画已脱落粉化，而处理过的仍可见到，证明合成材料用于壁画保护的确有效。我国从50年代起采用天然高分子材料如胶矾水、动物胶、植物胶和合成高分子材料如环氧树脂、聚乙烯醇、聚醋酸乙烯树脂、聚丙烯树脂等对壁画及其他相关文物进行修理与保护，如在敦煌莫高窟采用我国胡继高同志经多次试验的合成高分子材料配方：①1%—3%的聚乙烯醇，②1%—1.5%聚醋酸乙烯乳液或①、②浓度的不同混合液来修复起甲、酥碱壁画，此后这一方法成为我国壁画保护的主要技术，在1987

年荣获文化部科研成果一等奖。

（四）褪色、变色的化学保护

高温度、高湿度、紫外光、微生物是褪色、变色、霉变的主要原因。随着"风化褪色的古代壁画、文物彩绘、建筑彩画的显现加固与修复"技术的问世，发明人李玉虎终于使多年来束手无策的难题迎刃而解，将几代人的殷切期盼化为现实。对褪色的古代壁画进行了局部恢复保护，使原本模糊不清、无法辨认的色彩、图形、文字清晰恢复了原始面貌。防止壁画发生褪色、变色、霉变，主要在于改造壁画的保存环境。

（五）防止霉变、藻类繁衍的治理

霉变产生的外因在于适宜的环境温湿度。在这些条件下微生物生长迅速、活动频繁，因此改变温度与湿度是防霉变的必要措施。对霉菌可使用杀菌剂杀灭，特别在难以实现良好通风的地方，如墓葬壁画更适用于这一方法。不同的霉菌对杀菌剂有不同的抵抗力，根据壁画着生的不同藻类霉类采用不同的杀菌剂，如1227、异噻唑啉酮等。

第六节 研究意义及内容

一 研究意义

墓葬壁画在我国分布较为广泛，遍及南北各方，而北方地区的墓葬壁画占据大多数。国内外墓葬壁画多以原址保护为主，墓葬壁画原址保护中的盐析病害治理工作，是近年来困扰该学科的世界性学术难题，也是一项长期制约墓室壁画原址保存的关键难题。

墓葬壁画的盐析病害是一种特殊的盐类风化，因墓葬壁画盐析过程不可逆，在环境交替变化的影响因素下，可溶盐通过结晶、水解、热膨胀及渗透等形式对壁画颜料层及土体产生破坏作用，导致酥碱、空鼓、起甲、疱疹、盐霜、龟裂及脱落等病害形式存在，往往会对壁画造成不可挽回的损失，被学术界称为壁画病害中的"癌症"。对于壁画盐析病害治理工作，国内外都有一定的探索，但多数是针对石窟壁画、建筑壁画等的保护，对于墓葬壁画的盐析病害治理保护工作相对较少。在墓葬壁画原址保护中，由于墓葬壁画与大地相接，盐析病害循环往复产生，有些壁画濒临毁灭，应采取一定保护治理措施来应对。

　　本书针对北方地区墓葬壁画盐析病害成因及其保护治理对策开展研究。通过对北方地区较为典型的半干旱区和半湿润区几座墓葬壁画进行病害调研分析，结果显示硫酸盐及氯化盐等可溶盐的反复结晶析出是造成壁画表面酥碱、起甲等病害形式的主要原因，壁画表面信息不断消失、破损，且墓室内不同位置处盐析现象存在一定的规律。而随着时间的推移，情况日益恶化，如不及时治理，壁画信息将无法挽回。

　　针对墓葬壁画水盐运移规律展开研究，对我国北方地区墓葬壁画保存、保护具有重要的理论价值及现实意义。探索壁画土体在水—热—盐的相互作用关系，可为墓葬壁画环境中温湿度变化、含水量变化、可溶盐分布等壁画盐析病害影响因素找出一定的普遍规律，为有效制定保护对策及措施奠定一定的实验基础。

　　墓葬壁画在我国分布较为广泛，遍及南北各方，北方地区的墓葬壁画占据大多数，而主要分布范围在北方的半干旱区及半湿润区等区域。文物预防性保护，是通过有效的质量管理、监测、评估、调控干预，抑制各种环境因素对文物的危害作用，努力使文物处于一个安全的生存环境，尽可能阻止或延缓珍贵文物的物理和化学性质乃至最终劣化，达到长久保存文物的目的。国内外墓葬壁画多以原址保护为主，墓葬壁画原址保护中的盐析病害治理工作，是近年来困扰该学科的世界性学术难题，也是一个长期制约墓室壁画原址保存的关键难题。《"十四五"文物保护和科技创新规划》提出了系统性保护、预防性保护、文物安全长效机制、在保护中发展、在发展中保护等一系列任务举措。

　　对于壁画盐析病害治理工作，国内外均有一定的探索，但多数是针对石窟壁画、建筑壁画等的保护，而对于墓葬壁画的盐析病害治理保护工作相对较少。在墓葬壁画原址保护中，由于墓葬壁画与大地相接，盐析病害循环往复产生，有些壁画濒临毁灭，应采取一定保护治理措施来应对。准确认识水盐迁移对遗址本体性能劣化特征、有效控制其对遗址本体劣化过程、建立有效的保护措施，提高壁画遗址本体的保存寿命具有重要的理论和现实意义。

　　墓葬壁画星罗棋布于我国各地，不同时代、类型丰富的墓葬壁画，是中华文明的载体，承载着博大精深的精神财富，抢救保护其原貌，长久传承其原貌，具有不可估量的社会效益。该项目的实施亦可为其预防性保护开拓新途径，提供新思路。期望该成果可广泛推广至全国相关墓葬壁画类文物保护领域。

针对盐析病害常出现的硫酸盐及氯化盐，课题组研究了 H_3PO_4 – Ba $(OH)_2$ – TEOS 体系多点原位交联加固及四水八硼酸钠盐析抑制的综合保护方法，对于墓葬壁画盐析的初步治理起到一定的积极作用，且经过一段时期的时效考验，保护效果较为良好，可为后期的综合保护治理提供一定的基础。

二 研究内容

墓葬壁画保护应兼顾治理效果及防治二次伤害造成的影响。目前研究证实，对于产生盐害的壁画进行加固、盐害治理保护工作，应遵从文物保护最小干预、保持原貌等理念，兼顾壁画遗址保护的完整性、真实性等原则。

针对我国北方墓葬壁画的盐析病害，本书通过分析几座典型墓葬壁画，对其盐析病害的成因进行了调查和分析；通过模拟墓葬壁画墓室环境的环境温湿度、土壤温度、土壤含水率、土壤电导率等数据的实时监测，研究了水—热—盐在壁画盐析过程中的相互关系及盐析在墓室中的分布；通过实验室垂直土柱中的土壤温度、土壤含水率、土壤电导率的实时监测，研究了纵向一维蒸发条件下的壁画土体水盐运移规律；研究了一种 H_3PO_4 – Ba $(OH)_2$ – TEOS 体系多点原位交联加固及四水八硼酸钠盐析抑制的综合保护方法，并将该方法应用于墓葬壁画的实际修复与保护中。

本书整体由六部分组成。

第一章为绪论部分，首先介绍了研究载体——古代墓葬壁画。古代墓室壁画属于干壁画类型，结构由基础支撑体、地仗层、颜料层三部分组成。墓葬壁画易受环境温湿度、土壤含水量、可溶盐分布状况、地下埋深水位、土壤质地等因素的多种因素的影响，地仗层材料和壁画颜料在可溶盐盐析作用下，产生酥碱、起甲、空鼓、疱疹、盐霜、龟裂及脱落等病害类型。而原址保存难度较大。国际和国内学者们对于墓葬壁画的水盐运移规律的揭示，目前所做的研究还不甚系统、全面。目前国内外对于墓葬壁画原址保护中的盐析病害的综合保护方法也较为缺乏。对于本书的意义进行了阐释。

第二章针对北方地区墓葬壁画发生严重盐析病害的濒危状态和严峻现实，通过选取北方地区半干旱和半湿润地区两座墓葬壁画的调研及病害分析，主要进行了如下的工作。对产生盐析病害的壁画颜料层、地仗层的盐分组成进行检测分析。对不同层位壁画土样进行土壤性能分析，并通过离子色谱分析仪对不同高度处土壤中阴阳离子含量和种类进行分析，揭示墓葬壁画盐分运移的趋势。对受盐析病害影响的壁画的表面与内部土体的微观结构及因酥碱病害而粉化的土样的粒径分布进行表征，揭示盐析后对壁画土壤结构的破坏程度。

第三章基于水—热特征的模拟壁画水盐运移规律研究。通过陕西师范大学遗址模拟坑选取富盐区域建设模拟墓葬壁画墓室，借助 ARN-TSWC 土壤温度及含水率记录仪、ARN-TSDD 电导率记录仪等对壁画土体不同高度处温度、含水率、电导率等数据进行实时监测。利用离子色谱仪对不同高度土样离子含量及种类进行定量分析，利用 X 射线衍射仪对纵向不同高度及横向不同深度处土样进行分析，采用 SEM 对盐析后的不同区域位置的土样形貌及元素进行表征，探索墓室环境中水—热—盐的相互影响关系。基于壁画土体的毛细水运移规律，采用 2.0 米高度垂直土柱作为研究载体，在实验室内通过在垂直土柱内供试硫酸钠、氯化钠和氯化钙的混合盐，模拟 2.0 高度土壤水盐运移，采用多点土壤温湿度、电导率记录仪监测水盐运移过程中土壤纵向各深度实时的土壤温湿度及电导率变化的规律。通过不同时间跨度测量得到的土体表面土样的电导率以及含盐量。利用扫描电镜分析土柱纵向不同深度土样的形貌差异，利用能谱以及离子色谱仪对土壤结晶盐所含元素以及无机盐离子种类进行分析，利用 X 射线衍射仪对土柱表面盐分种类进行分析表征，为一维纵向环境下硫酸盐及氯化盐可溶盐运移规律。本章从微观和宏观表现的角度，揭示墓葬壁画盐析随时间和空间的变化规律，揭示水盐运移的路径、方向及富集地点和形式，对墓葬壁画的保护措施的制定具有重要的理论意义和现实价值。

第四章 H_3PO_4 – Ba（OH）$_2$ – TEOS 体系多点原位交联壁画研究。针对墓葬壁画盐析过程中，造成土体力学性能下降，易粉化等特点。在进行盐析壁画综合治理前，进行壁画的加固，可有效提高壁画的强度，以便于进行后续的盐析抑制等工艺的实施。通过分光光度计、拉拔仪、万能材料实验机、XRD 等表征手段，评价研制的 H_3PO_4 – Ba（OH）$_2$ – TEOS 体系多点原位交联加固剂与几种壁画类加固保护剂对壁画颜料层及土体的加固性能。通过对加固后样块进行可溶盐盐析，进行干湿交替循环、冷热交替循环后的表面附着力评价，评估该方法的耐盐老化特征。采用该保护方法对模拟墓葬壁画进行现场加固，对加固后的壁画土体钡离子浓度梯度、微观孔隙结构、耐水性等性能进行表征，推测该加固剂的加固机理。

第五章四水八硼酸钠对壁画盐析抑制作用研究。针对壁画文物盐析病害现状，制备壁画模拟样品，在实验室中模拟硫酸钠、氯化钠及混合盐对经1%—5%质量浓度四水八硼酸钠模拟壁画样块进行浸泡盐析实验，通过表面观察，结合 XRD、FTIR、XPS、Zeta 电位仪及超声波检测等表征手段等对四水八硼酸钠抑制剂对壁画模拟样块的盐析抑制作用进行评价，遴选出适宜的浓度。通过多点原位交联加固及抑制保护的综合保护方法对模拟墓葬壁画进行保护实验并跟踪观察其保护效果，采用 SEM、XRD、FT – IR 及分光光度计对该综合保护方法的机理进行探究。

第六章通过对干旱地区盐析病害较为严重的墓葬壁画进行初步的保护修复应用，针对该壁画墓出现的酥碱、起甲等病害，进行了 H_3PO_4 – Ba（OH）$_2$ – TEOS 体系多点原位交联加固、课题组前期研制的 ZB-F600 双组份 FEVE 水性氟树脂—乙醇—水溶液体系壁画回位修复及四水八硼酸钠抑制保护工艺，通过一定时期的时效考验，保护方法及工艺具有一定抗盐化作用。

结语部分对本书进行总结，对后续工作进行了展望。

第 二 章

墓葬壁画盐析病害分析

第一节 引言

由于研究对象的差异，不同的研究领域对干旱环境和潮湿环境的判定方法不同。根据全国 602 个气象站 1961—2008 年逐日气象资料（包括平均气温、最高气温、最低气温、水汽压、日照时数、风速和降水量等要素），用 FAO Penman-Menteith 方法计算逐日潜在蒸散量，得到全国各站历年年降水量与年潜在蒸散量比值，称为干湿指数。根据国内外的研究成果，结合中国气候特点，将全国干湿气候分为 7 个等级，分别命名为过湿区、潮湿区、湿润区、半湿润区、半干旱区、干旱区和极端干旱区，具体见表 2 - 1。

表 2 - 1   干湿气候分区

气候分区	干湿指数
过湿	>2.00
潮湿	1.50—2.00
湿润	1.00—1.50
半湿润	0.50—1.00
半干旱	0.20—0.50
干旱	0.05—0.20
极端干旱	<0.05

土遗址直接与大地相连，天然土体强度低、水稳定性能差。因此，

即使采取加棚遮盖等措施，也很难避免降水、地表水及地下水等因素对其产生影响，如雨蚀剥离流水掏蚀、冲沟等。目前，土遗址的保护研究工作主要集中于干旱地区，并取得了许多成果。而潮湿环境由于水分这一环境要素的参与，使得它对土遗址的作用更为复杂，形成的病害、采取的保护措施也与干旱环境相差很大。因此，在土遗址的保护工作中科学判别土遗址所处环境的干湿程度至关重要，这直接影响到所采取的预防和保护措施的可行性及有效性。

由于环境因素的影响，盐析病害在我国北方地区墓葬壁画中较为常见，以半干旱地区和半湿润地区分布较为集中。本章选取甘肃酒泉丁家闸五号墓和陕西西安地区韩休墓为例进行盐析病害分析。国际古迹遗址理事会中国国家委员会、美国盖蒂保护所及澳大利亚遗产委员会经过近7年的工作，于2000年制定了《中国文物古迹保护准则》，明确指出："现存状态是指文物古迹在进行调查评估时的客观状态，包括地上遗存的状态和地下埋藏的状态。"有下列主要内容。

（1）环境状态。包括自然和社会环境，重点是当前环境的主要问题和对文物古迹的影响。

（2）结构的稳定和材料残损退化的状态。

（3）对文物原状的研究和确认。

（4）对现存状态实施保护工程的必要性和可能性分析。

（5）对文物利用的合理性及功能延伸的可能性分析。

国际古迹遗址理事会在"壁画保护、修复和保存原则"中阐释："调查方法应尽可能是非破坏的，任何保护计划的先决条件都是对宏观和微观范围内的腐朽机理、材料分析和环境诊断进行的科学调查。"本次壁画现状调查包括壁画现状初步调查、环境调查、摄影调查、病害检测分析等，通过对墓葬壁画的盐析病害成因及特征进行分析，可给后续的保护工作奠定一定的基础，有助于提出科学有效的保护方法和对策。

第二节　半干旱地区墓葬壁画病害分析

一　遗址简介

酒泉市西北8km的戈壁滩上，分布着一个魏晋、十六国时期的大面积墓葬群。其南面为兰新公路和讨赖河（北大河），东至果园公社，北接嘉峪关市新城公社野麻湾，西北达断山山麓。这一墓葬群的南北长20km，东西宽3km。五号墓在墓葬群的南端，在丁家闸大队第二生产队（原名陶家庄）饲养圈西墙外圈墙压于墓道上，南距兰新公路约1公里许。

丁家闸五号墓墓向东偏南2°，封土残高1.96、东西残长约19.5、南北残长约17.4m，有族葬茔圈。茔圈以砾石堆砌，现存高度约0.3m。南圈长94m。东圈残长32.6m西圈残长63.2m。北圈已残毁，神道门向北。茔圈间有墓葬两座，五号墓为较大的一座。其南距南圈边23.2m，西距西圈边6m。其南侧稍前16m，为另一未发掘的小墓。

丁家闸五号墓墓底距现在的地表12m，前为斜坡墓道，长33、宽1.42m。墓门高1.07、宽0.90、深0.98m，起券五层，上有高0.8m的门楼，门楼上施草泥，彩绘已模糊不清。墓门两侧亦施草泥，绘黑色卷草，现仅右侧可见。封门砖砖长0.38、宽0.19、厚0.05m（墓砖同），平砌两重，每重现存六层半。铺地方砖伸出墓门0.12m。墓室有前、后两室，总长8.64m。前室长3.22、宽3.32、高3.36m。覆斗顶前部设方坑，长2.375、宽3.32、深0.345m，前后各有五层台阶上下。后部为二层台，高0.345、宽0.845m，连接着通后室的过道。四壁平面略呈外凸的弧形，砌法为干砖相叠，不用黏土。自墓顶至墓底，在砖壁上薄施过的草泥一层，再于表面施一层极薄极细的土黄色泥皮，上面满绘壁画。通后室的过道高1.08、宽0.98、深1m。后室稍偏南，长3.32、宽2.76、高2.52m。四壁平面亦略外凸，砌法为三平一竖，共砌十层。其上为横连式纵券顶。后壁施草泥，绘壁画。后室地面与前室二层台平。除后室南侧地面铺条砖一行外。前、后室地面均平铺穿壁变体云气纹方砖一层。铺地方砖长0.39、宽0.39、厚0.05m。

此墓早期被盗，发掘时墓内填满淤泥、沙石。前室顶部方砖被积水抬起约1cm，淤泥中夹有漆皮、陶片等。后室顶部黏附木屑、丝织品残片，淤泥上有积水漂起的肢骨、木片等。经清理发现，随葬器物与人骨架位置已大部挪动。前室天井中间、东北角、北侧、东南角出陶盆、陶罐、陶壶、陶井、陶甂及陶器碎片等。二层台上的后室过道口出一陶壶。天井中间出铁镜，南侧出石砚、铜镰、残铜马俑蹄。二层台上下各见一漆方盒残迹。后室有骨架三具，中为男性，左、右为女性，头均向东。

中间和南侧的骨架下有棺垫。中间骨架脚下有白灰脚垫。棺垫的下层为3cm厚的草木灰，上层为3cm厚的白灰，白灰表面画出棱形纹。棺垫下有木板痕迹。棺垫上除有木板痕迹外并有木棺板残片。北侧的骨架已被严重扰乱，无木棺和棺垫的痕迹。此现象或许说明三具骨架在身份上存在着差别。中间骨架头前出铁镜、铜削，大腿骨左侧出铜钱数十枚。南侧骨架头前出铜簪、金叶片、陶片等。北侧骨架中间散置残铜饰数件。

酒泉丁家闸五号壁画墓位于酒泉市肃州区丁家闸村，1997年发掘出土，1994对外开放，为十六国时壁画墓[①]，所属果园墓群为第五批全国重点文物保护单位。墓葬距地表12m，墓道为斜坡道，长3m，墓室结构（图2-1）分为前后两室，前室为方形，四壁及顶部绘有壁画，后室仅西壁绘有壁画。

壁画保存基本完好。彩绘技法有多种。

壁画内容。

（1）前室

顶部中心绘复瓣莲花藻井。下分五层，以赭石宽带为界栏头两层在顶部。第一层，莲花藻井以下，无彩画。第二层，四顶所表现的是天，都是祥瑞之物。上部各绘一倒悬龙首，两侧绘庆云。

东壁第二层，龙首下为红日，红日内绘一展翅金乌。红日下为袖手盘膝端坐于若木树上的东王公。头上三绺竖发，蓄长须，肩披羽状帔，身着袍。下部为重叠起伏的山峦。

西壁第二层，龙首下为盈月。盈月内绘一白色蟾蜍。盈月下为西王母，坐于若木树上，左右各横簪一簪珥，肩披羽状帔，身着朱白间色桂大衣，臂绕帔带，左侧立一侍女，持曲柄带齿状流苏的方形华盖。西王母座下左侧立九尾赤狐，右侧立三足鸟。下部为山峦。山峦间有三只青鸟，或立或飞。左侧山峦上有一神马北壁第二层，龙首下绘一四蹄腾空飞驰的神马。下部为山峦。左侧山峦上，有一长角的神兽。南壁第二层，龙首下绘一奔驰的白鹿。左侧庆云中绘一羽人。羽人眉间、两鬓、两颊点朱砂，涂朱唇，肩上生双翅，上身着点缀明珠的桂衣，下着彩裙，裙

---

① 韦正:《试谈酒泉丁家闸5号壁画墓的时代》,《文物》2011年第4期。

边缀羽毛；内穿红，脚踏浅口。羽人下绘商汤纵鸟。汤王画成一蓄须的老者，头戴圆顶附耳帽，身着袍，坐于扶桑树上的窝棚内，手执捕鸟网绳。网外有一鸟徘徊。白鹿下为山峦。山峦间有盘角神兽，通体黑色、形似牦牛，另有大角、牛蹄的羊形动物和爬行、状似鳄鱼的神兽等。壁面上为第三层与第四层，分别反映墓主人生前燕居行乐，出游和庄园中的农耕，桑蚕、畜牧、果林、运输等生产活动以及庖厨等，都属于人间生活的内容。这两层的赭石色界栏以内，均以树丛作为装饰。墓主人燕居行乐图是墓室壁画中最为精彩的画面。这幅图画在西壁第三层。北侧绘一单间单檐顶轩，青瓦、正脊，有柱无墙。轩内为墓主人，头戴三梁进贤冠，蓄长发，身着朱砂间石黄色袍，跪坐于榻上。身后立一男侍和一女侍。女侍身着绀色桂，内露白色中衣，手持方形曲柄华盖。柄上系青缯囊。男侍戴黑帻，蓄胡须，身着深皂色袍，内露白色中衣，足着黑鞮，手捧圆顶黑帽。西壁中部（通后室过道门上），绘一方案。案上一樽。樽内置勺。案下有温器。温器内置一带提梁的高颈直口壶。案北侧立一男侍，戴黑帻，身着褐衣，两手抱拳。在男侍以北，轩外，墓主人前，有一男乐伎，头戴黑帻，帻上尖耳在头前，蓄小胡，左手摇鼗鼓，右手执鼓槌，做下蹲跨步状，似为乐伎之指挥者。案南侧有一童仆，头挽双，褐衣，腰束带。在童仆以南，立一女舞伎。头挽四，身着三色褶，五彩接袖，腰束带，两手各挥动一方扇，翩翩起舞。再往南为另一女舞伎。衣着同前，衣边飘起，下露红，回首踏歌舞蹈。其南上侧为乐伎。

（2）后室

壁画仅绘于后壁，共分三层。

第一层，绘庆云。

第二层，中间为二夋，上方有一墨线单勾的云气。两侧以大致对称的形式各绘一盒，以及方扇、拂、弓箭等物。下绘九圆圈，可能为饰物，如粉团之类。

第三层，绘三束丝和三捆绢帛。

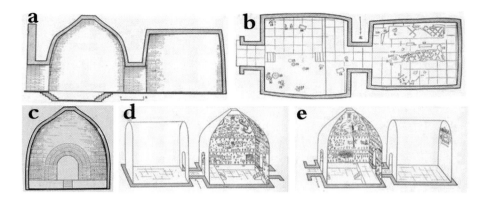

图 2 - 1　丁家闸五号墓墓室结构①

（a. 墓葬纵剖图；b. 墓葬平面图；c. 前室剖面图；d. 前室壁画示意图；e. 后室壁画示意图）

二　酒泉丁家闸五号墓保存现状的调查与评估

20 世纪 70 年代考古发掘后对外开放，由于参观频次增多及外部气候环境的影响，在壁画前室四壁下层及上层局部画面产生盐析病害，导致地仗层、颜料层脱落，且随着时间的推移，盐析病害出现的位置有所升高，且程度加重。对壁画病害及环境因素进行调研，对后续的保护工作有一定的积极意义。

（一）气候特征

墓葬所属酒泉市肃州区属典型的大陆性气候，气候干燥，降雨量少②，蒸发强烈，昼夜温差大，日照较长，风沙多。具有冬季寒冷漫长，夏季炎热时短，秋凉春寒，日数相间的特点。

（1）气温

酒泉市肃州区年平均气温 7.3℃，7 月最热，平均气温 21.8℃；1 月份最冷，平均气温零下 9.7℃（图 2 - 2）。高于 35℃高温日数平均 5 天左右，低于零下 5℃严寒日数百天左右。

（2）降水量

一个地区降水量的多少不仅是决定其干湿程度的重要因素，而且还

---

① 甘肃省文物考古研究所编：《酒泉十六国墓壁画》，文物出版社 1989 年版，第 21 页。

② 鲁浩斌、邓丽英：《酒泉市水资源现状及保护调查》，《卫生职业教育》2006 年第 17 期。

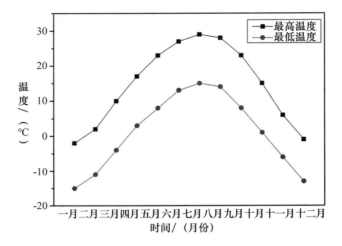

图 2 - 2 酒泉市肃州区近年月平均温度

决定着地区地表水、地下水资源量的多少，而水资源量的多少又直接影响着本地区的干湿程度。对于遗址保护来说，降水量的集中程度对其影响很大，并直接关系到预防及保护措施的时效性，即采取长久性措施还是建立应急预案。因此，降水量是遗址保护中界定环境干湿度的重要指标。

降水变率大，季节分配不均，夏季雨量集中，冬季雨雪稀少。年平均降水量 85.3mm（图 2 - 3）。年均降水变率 33.2% 降雪日数平均 12.7 天。干燥度 6.86，处在干旱类型。

（3）湿度及蒸发量

年平均相对湿度为 46%，12 月最大 57%，4—5 月 35% 为最小。年平均蒸发量为 2148.8mm，大于降水量的 24 倍。

（二）酒泉丁家闸五号墓保存现状对比

由于环境因素的影响，在壁画四壁下部与画面局部发生了病害和地仗脱落。受酒泉市肃州区文物局委托，对壁画的保存现状进行调研，通过对比墓葬壁画出土时的照片（图 2 - 4、图 2 - 5、图 2 - 6）[1]，壁画盐析病害清晰可见。

---

① 甘肃省文物考古研究所编：《酒泉十六国墓壁画》，文物出版社 1989 年版，第 23 页。

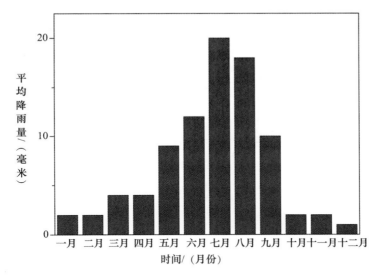

图2-3　酒泉市肃州区近年来月平均降雨量

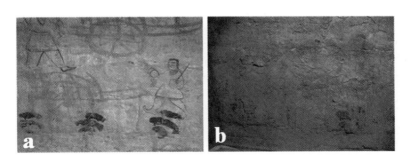

图2-4　壁画西壁"独轮车"画面

（a. 1977 年拍摄；b. 2014 年拍摄）

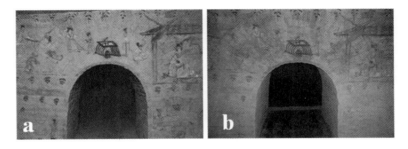

图2-5　壁画西壁画面

（a. 1977 年拍摄；b. 2014 年拍摄）

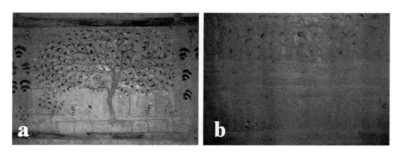

图 2 - 6　壁画南壁"大树"画面

（a. 1977 年拍摄；b. 2014 年拍摄）

（三）酒泉丁家闸五号墓病害调研及病害示意图

依据《古代壁画现状调查规范》①及《古代壁画病害与图示》② 对壁画经过细致的调查和分析研究，目前发现的病害种类，主要有酥碱、壁画颜料风化褪色及空鼓等。根据病害图例（表 2 - 2），课题组对照壁画实际情况绘制壁画病害现状调查图（图 2 - 7 至图 2 - 16）。

表 2 - 2　　　　　　　　　　　壁画病害图示符号及规格

编号	图示符号	名称	符号说明
01	△ △ △ △ △ △ △ △	起甲	单个符号大小以 4mm² 为宜，间隔不小于 1mm
02	⌒ ⌒ ⌒ ⌒ ⌒ ⌒	泡状起甲	单个符号大小以 4mm² 为宜，间隔不小于 1mm
03	∴∴∴	粉化	黑点直径以 0.5mm 为宜
04	◯	颜料层脱落	闭合曲线
05	○ ○ ○ ○ ○ ○ ○ ○	点状脱落	圆圈直径以 2mm 为宜，间隔不小于 1mm

---

① 《古代壁画现状调查规范》（WW/T 0006 - 2007），文物出版社 2010 年版。

② 《古代壁画病害与图示》（GB/T 30237 - 2013），中国标准出版社 2023 年版。

续表

编号	图示符号	名称	符号说明
06		疱疹状脱落	单个符号大小以 4mm² 为宜，间隔不小于 1mm
07		龟裂	4mm² 为宜，间隔不小于 1mm
08		裂隙	长线随裂隙走向表示，短线以长 2mm、相隔 5mm 为宜
09		划痕	线段长 5mm，黑点直径与线段宽度一致，随划痕走向表示
10		覆盖	平行线间隔以 3~5mm 为宜
11		涂写	单个符号大小以 10mm² 为宜，间隔不小于 1mm

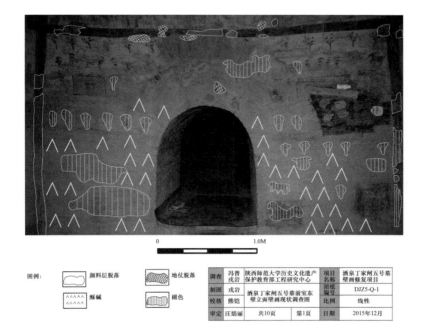

图 2-7 前室东壁立面壁画现状调查

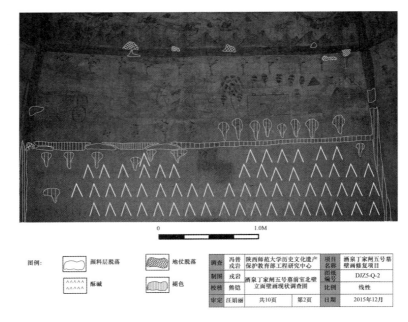

图2-8 前室北壁立面壁画现状调查

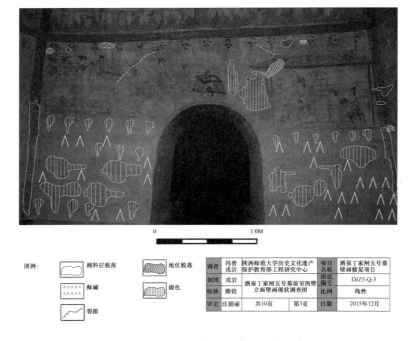

图2-9 前室西壁立面壁画现状调查

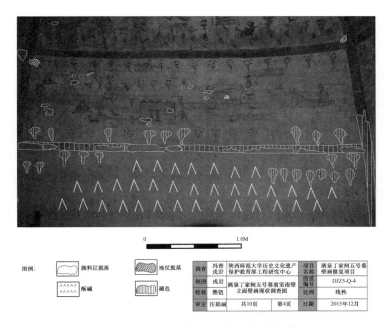

图例：	颜料层脱落		地仗脱落		调查	冯普 戎岩	陕西师范大学历史文化遗产 保护教育部工程研究中心	项目 名称	酒泉丁家闸五号墓 壁画修复项目
	酥碱		褪色		制图	戎岩	酒泉丁家闸五号墓前室南壁 立面壁画现状调查图	图纸 编号	DJZ5-Q-4
					校核	熊铠		比例	线性
					审定	汪娟丽	共10页	第4页	日期	2015年12月

图 2 – 10　前室南壁立面壁画现状调查

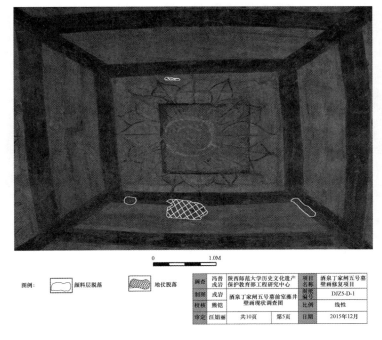

图例：	颜料层脱落		地仗脱落		调查	冯普 戎岩	陕西师范大学历史文化遗产 保护教育部工程研究中心	项目 名称	酒泉丁家闸五号墓 壁画修复项目
					制图	戎岩	酒泉丁家闸五号墓前室藻井 壁画现状调查图	图纸 编号	DJZ5-D-1
					校核	熊铠		比例	线性
					审定	汪娟丽	共10页	第5页	日期	2015年12月

图 2 – 11　前室藻井壁画现状调查

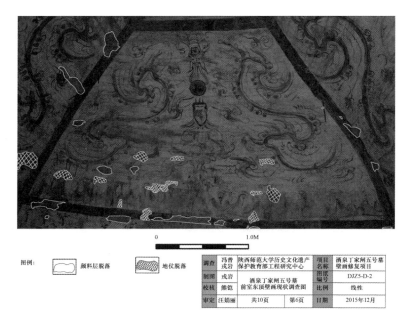

图例：	颜料层脱落		地仗脱落	调查	冯普 戎岩	陕西师范大学历史文化遗产 保护教育部工程研究中心	项目 名称	酒泉丁家闸五号墓 壁画修复项目
				制图	戎岩	酒泉丁家闸五号墓 前室东顶壁画现状调查图	图纸 编号	DJZ5-D-2
				校核	熊铠		比例	线性
				审定	汪娟丽	共10页	第6页	日期	2015年12月

图 2－12　前室东顶壁画现状调查

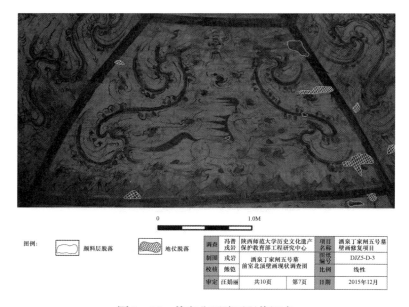

图例：	颜料层脱落		地仗脱落	调查	冯普 戎岩	陕西师范大学历史文化遗产 保护教育部工程研究中心	项目 名称	酒泉丁家闸五号墓 壁画修复项目
				制图	戎岩	酒泉丁家闸五号墓 前室北顶壁画现状调查图	图纸 编号	DJZ5-D-3
				校核	熊铠		比例	线性
				审定	汪娟丽	共10页	第7页	日期	2015年12月

图 2－13　前室北顶壁画现状调查

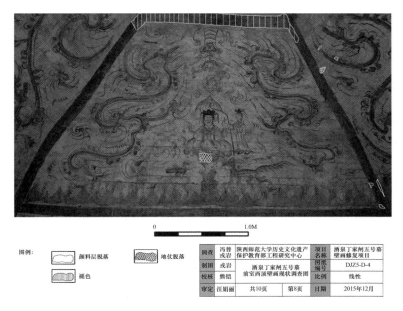

图例：	颜料层脱落	地仗脱落
	褪色	

调查	冯普 戎岩	陕西师范大学历史文化遗产 保护教育部工程研究中心	项目 名称	酒泉丁家闸五号墓 壁画修复项目
制图	戎岩	酒泉丁家闸五号墓 前室西顶壁画现状调查图	图纸 编号	DJZ5-D-4
校核	熊铠		比例	线性
审定	汪娟丽	共10页	第8页	日期	2015年12月

图 2 - 14　前室西顶壁画现状调查

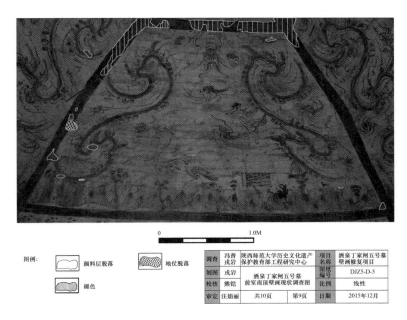

图例：	颜料层脱落	地仗脱落
	褪色	

调查	冯普 戎岩	陕西师范大学历史文化遗产 保护教育部工程研究中心	项目 名称	酒泉丁家闸五号墓 壁画修复项目
制图	戎岩	酒泉丁家闸五号墓 前室南顶壁画现状调查图	图纸 编号	DJZ5-D-5
校核	熊铠		比例	线性
审定	汪娟丽	共10页	第9页	日期	2015年12月

图 2 - 15　前室南顶壁画现状调查

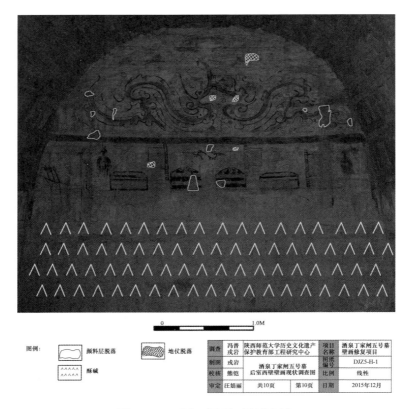

图 2-16 后室西壁壁画现状调查

（四）酒泉丁家闸五号墓盐害类型

由于自然地质作用和人类生产、生活活动所引起的墓葬主体和相关环境的破坏现象称为病害，按照病害产生原因的性质，可分为两大类。第一类病害是指由于自然作用，如温差、地震等所引起的病害，常见的如风化、渗漏水、崩塌、风蚀等都属于此类病害。第二类病害是由于人类生产和生活活动的影响，诱发墓室主体结构产生新的病害，如爆破震动、采矿引起的地面沉降、人工取土对封土的破坏和墓室失稳等；酸雨、粉尘引起的岩石表面风化加剧；河道改变引起的洪水淹没等现象。墓葬结构主体病害类型具体又可分为六类：（1）墓室结构失稳；（2）墓室内渗水；（3）封土缺失；（4）墓顶植被生长；（5）石质构建断裂、脱落；（6）岩石表层风化。

墓室微环境中在湿度的波动影响下，地仗中可溶盐晶体反复不断地溶解及结晶析出，致使壁画层结构松动、剥离，进一步引起壁画地仗层脱落。致使壁画发生酥碱、起甲，致使壁画颜料层及地仗层剥离、脱落。

1. 酥碱病害

据酒泉市肃州区的文物保护工作者长期的观测，每年春季，是酥碱病害程度最严重的阶段。酒泉深居内陆，气候属典型的大陆性气候[①]，气候分区属南温带干旱区，基本特征是降水少，蒸发量大。[②] 壁画土体中的可溶盐，在毛细水迁移带动下，富集于壁画表面。土体中的可溶盐随着含水量的变化，或者由于墓室内部微环境温度的变化，引起空气湿度以及盐的溶解度的变化，引起土中可溶盐的溶解收缩—结晶膨胀—溶解收缩，在这种反复作用下，土体结构不断松散、黏聚力下降，产生酥碱病害（图2－17、图2－18），致使壁画表层粉化，甚至脱落。

图 2 - 17　酥碱病害

2. 起甲病害

由于酒泉地区地处干旱地区，因气候干燥，颜料层掺入的有机胶料

---

① 刘普幸、安建科：《酒泉市肃州区近 55a 的气候变化特征、突变与周期分析》，《兰州大学学报》（自然科学版）2009 年第 6 期。

② 刘晓云、岳平、徐殿祥：《酒泉市最近 54a 气温和降水特征分析》，《干旱区研究》2006 年第 3 期。

图 2 – 18 酥碱病害

老化，地仗层与颜料层黏结力下降，伴随酥碱病害的产生，壁画粉层或
颜料层与地仗失去粘连作用，使颜料层或颜料同粉层一起起甲而剥离
（图 2 – 19）。

图 2 – 19 起甲病害

3. 颜料层脱落

壁画颜料层病害是影响壁画长期保存的主要病害之一。该墓因受墓

室渗水、凝结水等自然环境因素的长期影响，导致部分壁画表面污染严重和颜料层局部脱落，壁画图案颜色变淡、模糊不清和无法辨认，严重威胁着壁画的长期保存。

通过现场详细勘察，分析了壁画颜料的脱落类型和特点，并结合墓室环境特征，分析了壁画颜料脱落的原因。由于盐害的产生，随着微环境的变化，反复的干湿循环后，壁画土体中的盐分析出后，对壁画表面颜料层、地仗层产生应力，致使壁画表面颜料层、地仗层等发生脱落（图2-20），造成不可挽回的损失。

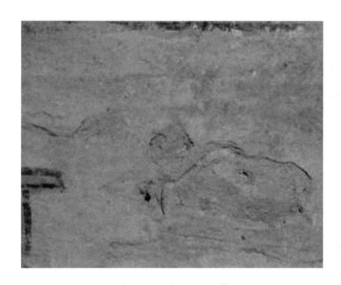

图2-20　颜料层脱落

三　壁画盐析病害成因分析

（一）实验仪器及测试条件

实验仪器及参数设置如表2-3所示。

表2-3　　　　　　　　　　　实验仪器及参数配置

实验仪器	参数设置
Rigaku 600型X射线粉末衍射仪（日本理学公司）	电压：10—60kv；电流：5—80mA；功率：4kW；Cu靶

实验仪器	参数设置
ICS1500 离子色谱仪（美国戴安公司）	阳离子分析：Dionex IonPac ® AS19 色谱柱；20.0mmol/LNaOH，流速为 1.0mL/min； 阴离子分析：Dionex IonPac ® CS12A 色谱柱；洗脱液 20.0mmol/L 甲烷磺酸，流速为 1.0mL/min
Quanta—200 型扫描电子显微镜（美国 FEI 公司）	分辨率：高真空模式下 30kV 时，3.5nm；最大束流：2μa。附件：EDX 能谱分析仪
PHS—3C 型数字式酸度计	PH 值测量范围：-2.00～18.00pH；分辨率：0.01PH；准确度：±0.01PH
DDS—301 型电导率仪（雷磁）	四档量程，测量范围：0—$1 * 10^5$μS/cm
LP—100D 型 数显式 土壤液塑限联合测定仪	圆锥仪总重：76g±0.2g 及 100g±0.2g；圆锥角度：30°±0.2°；测读入土深度：0～22mm；测读精度：0.1mm，测量时间：5 秒

（二）测试方法

通过实地调研，选取有代表性的土样（距离墓室底部不同高度层位微量土壤样品及墓葬前室、后室产生酥碱病害与未酥碱土样）。将土样（四分法）研磨、过筛（20 目）后，采用分析天秤称取 5g 土样置于 100ml 锥形瓶中，加入 25ml 超纯水，减压过滤、离心后（2000r/min），制备好浸出液，待测。另取部分浸出液蒸干，制得结晶粉末，待测。继而进行土壤性能测试（含水量、pH 值、电导率、易溶盐含量及塑性指数）、IC（离子色谱）、XRD、SEM、粒径分析等测试。[①] 方法如下。

1. 土壤性能测试

采取土样于 105℃烘干至恒重测含水率[②]；依据 GB 7859—87 进行 pH 值测定[③]；依据 GB/T 11007—2008 测定电导率[④]；依据 SL237—063—

① 戎岩、李玉虎、王保东：《酒泉西沟四、五号壁画墓病害调研分析》，《陕西师范大学学报》（自然科学版）2015 年第 3 期。

② 《土工试验规程工程——含水率试验》（SL237—003—1999），水利水电出版社 1999 年版。

③ 《森林土壤 PH 测定》（LY/T1239—1999），中国环境科学出版社 1999 年版。

④ 《电导率仪试验方法》（GB/T 11007—2008），人民出版社 2008 年版。

1999 测定易溶盐含量①；依据 GB/T 50123—1999 测定塑性指数。②

2. 土壤物相分析

将采集到的酥碱土样，研磨、过筛，依据 X 射线衍射仪进样标准制备待测样进行测试。

3. 离子色谱测试

选取墓葬不同层位微量土样，过筛（100 目）、烘干、称重、超纯水溶解、摇床震荡（1h）、过滤（0.45μm 水系滤头）、注射器过滤注入测试仪器测试。

4. SEM 及 EDX 测试

扫描电镜观察是物质表观微区信息分析的重要手段之一③，本实验主要用来观察盐分对遗址土壤表面的破坏情况，将采集到的酥碱土样制备为适合样品台大小的土样（尽量保持土样原貌），置于样品台上进行形貌观察。

5. 激光粒径分析

将采集到的酥碱土样与未酥碱土样进行烘干处理，用激光粒度仪测试粒径分布。

（三）结果及讨论

1. 土壤性能测试

依据详尽的气候、水文资料以及深入的实地考察调研结果，该墓葬所处的周边环境显著呈现出干旱特征，全年降水量稀少且高度集中于夏季，导致水分蒸发作用异常强烈。墓葬周边已无农田耕种，无灌溉水源。在这种条件下，墓葬及其周边生态系统的水分补给主要依赖于地下水的缓慢渗透与供给，而地表水的自然入渗则极为有限，共同构成了这一独特而脆弱的生态环境。

从表 2-3 中不同层位土壤性能测试结果显示，土壤取样位置随距墓室底部的升高，电导率呈现升高的趋势，含盐量变化趋势与电导率趋势

---

① （SL 237—063—1999）《土工试验规程——易溶盐试验》，水利水电出版社 1999 年版，第 472 页。

② （GB/T50123—1999）《土工试验方法标准》，中国计划出版社 1999 年版，第 20 页。

③ 李剑平：《扫描电子显微镜对样品的要求及样品的制备》，《分析测试技术与仪器》2007 年第 1 期。

相同。各层位土样 pH 值相差不大，介于 7.93—8.05 之间，显示碱性。表 2-4 中离子色谱数据显示（表 2-3），该墓葬土样中硫酸根含量较高，可判断该墓葬土壤为硫酸盐渍土。经液塑限仪测试该墓室土壤各层位平均塑性指数为 8.98，结合粒径分析结果（大于 0.075μm 的颗粒不大于 50%）判断该土壤为粉土，透气、透水性较好，水稳性差，毛细作用大，随含水量的增加强度显著下降。

随着墓室底部的升高，含水率呈现降低的趋势。由于该地区水分入渗较少，该墓葬土壤孔隙中的液态水，以毛细作用为主要驱动力。在毛细作用下，毛管水随着土壤孔隙进行水分蒸发。而该墓葬壁画地仗层由粗泥层、细泥层组成，土体中孔径不同的毛管交织连接，构成繁杂的水分运移通道，且上升高度和毛管半径成反比（茹林公式）。孔径愈细上升高度越高。当地下水位达到临界深度（引起土壤表层开始盐渍化的地下水埋深深度）时，将导致干旱区和半干旱区盐渍化现象。由于毛管上升水的带动作用，盐分运移至墓葬壁画地仗层较高位置，由于墓室环境存在温湿度交替变化，水分蒸发作用显著，"盐随水动"，由离子色谱数据，可知该地区地下水供给水矿化度高，在含盐的地下水随着土壤蒸发不断向上供给，盐分在上层累积，并在土体表面聚集。而在硫酸钠、硫酸钙等硫酸盐的反复结晶—溶解—重结晶等作用下，壁画颜料层、地仗层被应力破坏，导致酥碱、脱落等病害产生。

表 2-4   不同层位土壤性能测试

距墓底高度/（cm）	含水率%	电导率 ms/cm	pH 值	易溶盐含量 g/kg
0	22.32	1.401	8.03	5.261
10	22.19	1.392	8.01	5.243
20	22.03	1.385	8.03	5.162
30	22.12	1.407	8.03	5.315
40	21.08	1.429	8.02	5.431
50	22.01	1.442	7.99	5.532
60	21.32	1.465	7.96	5.763
70	21.56	1.472	8.05	5.813
80	20.83	1.521	8.01	5.901

续表

距墓底高度/（cm）	含水率%	电导率 ms/cm	pH 值	易溶盐含量 g/kg
90	20.56	1.527	7.93	5.928
100	20.43	1.465	7.99	5.901
120	19.83	1.472	8.03	5.928
140	19.56	1.521	8.01	6.125

2. 土壤物相分析

从 XRD 分析结果（图 2 -21、图 2 -22、图 2 -23）显示，该墓葬酥碱土样物相为 SiO_2、Na_2SO_4、$CaSO_4$ 及 $NaCl$。可以看出，该墓葬酥碱土样主要是硫酸盐类盐析导致产生病害。而土壤中 SO_4^{2-} 半径较大（2.95Å），与 Ca^{2+}（1.05Å）、Na^+（0.98Å）形成结晶后[1]，易结合 H_2O 分子，产生含水结晶物，而导致晶体体积增大数倍。随着墓葬内微环境的循环变化，

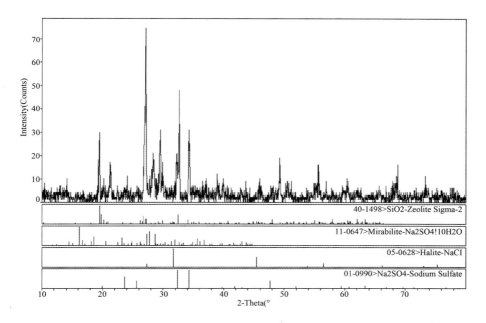

图 2 -21　前室酥碱土样 XRD 物相分析

---

① 李学垣:《土壤化学》，高等教育出版社 2001 年版，第 68—70 页。

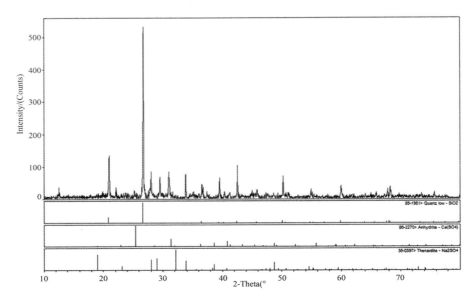

图 2 – 22　前室酥碱土样 XRD 物相分析

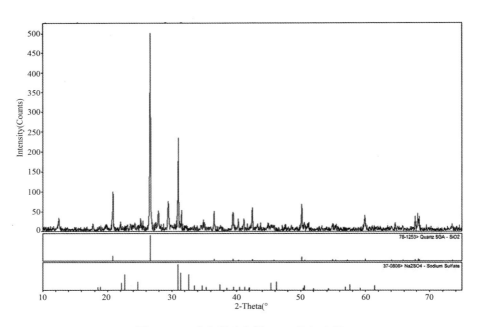

图 2 – 23　后室酥碱土样 XRD 物相分析

硫酸盐在壁画表面富集结晶。① 随着干湿循环的继续进行，由于蒸发作用，结晶不断从表面析出，部分结晶颗粒较大时堵塞毛细孔道，打破土体输水途径（图 2 - 24），最终产生壁画颜料层挤压、破坏，导致颜料层及内部地仗层土壤颗粒受到挤压后碎裂、粉化，产生壁画酥碱、起甲、脱落等病害。地仗层中土壤为粉土，透气、透水性较好，水稳性差，毛细作用大，遇水强度显著下降，遇水易分散，干燥易收缩，极易受到水盐运移的影响而破坏土体团粒结构，形成坚硬的块状、核状结构，导致地仗层疏松、脱落。② 而当壁画毛细水、环境中的水分进入壁画地仗层中时，结晶盐析又溶解，反复的溶解—结晶—再溶解—再结晶的循环过程。③ 而该墓葬周围环境中冬季温度较低，极易冻结，而冻结亦会造成土壤机械产生机械的挤压，使得土体崩解。水—热—盐的协同作用导致墓

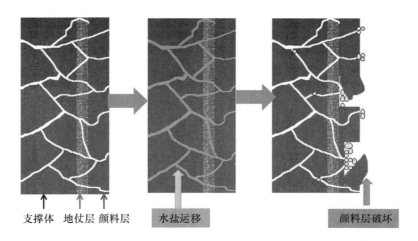

支撑体 地仗层 颜料层　　水盐运移　　　　　颜料层破坏

图 2 - 24　墓葬壁画盐析破坏示意

① 游富洋、崔月娥、徐善良等：《盐渍土中硫酸钠含量的计算方法探讨》，《煤炭工程》2010 年第 7 期。

② Raphael A. J Wüst, Christian Schlüchter, "The Origin of Soluble Salts in Rocks of the Thebes Mountains, Egypt: The Damage Potential to Ancient Egyptian Wall Art", *Journal of Archaeological Science*, Vol. 27, No. 12, December 2000, p. 1161.

③ Alison S., Clifford P., "Salt damage at Cleeve Abbey, England. Part II: Seasonal variability of salt distribution and implications for sampling strategies", *Journal of Cultural Heritage*, Vol. 6, No. 3, July 2005, p. 273.

葬壁画劣化。总之，硫酸盐的水化作用和阳离子交换作用都会造成颜料层、地仗层疏松、粉化、脱落等病害。

3. 离子色谱分析

根据该墓葬壁画保护工作者近年来不断观测，显示该墓葬盐析位置不断升高，目前主要在距墓葬底部一米范围内，选择纵向等间距（20cm）取样。表 2 - 5 中数据显示，土样中阳离子为 Na^+、Ca^{2+}、K^+、Mg^{2+}（图 2 - 25），阴离子主要为 SO_4^{2-}、Cl^-、NO_3^-、CO_3^{2-}（图 2 - 26）。其中，Na^+、Ca^{2+}、SO_4^{2-}、Cl^- 含量相对较多，结合 XRD 衍射分析结果，可推测盐析主要为可溶盐 Na_2SO_4、NaCl 及微溶盐 $CaSO_4$。SO_4^{2-} 是土壤交换相的主要阴离子，少量 NO_3^-、NH_4^+ 的存在可能与微生物等的硝化作用相关。

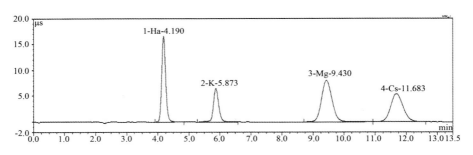

图 2 - 25   阳离子色谱

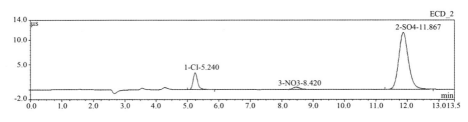

图 2 - 26   阴离子色谱

而不同高度处的离子浓度变化趋势，SO_4^{2-} 含量在纵向上与距墓底高度呈正相关；而 Cl^- 则在距墓室较高处含量较高。Na^+、Ca^{2+} 随着取样高度的升高，含量也有所增加。根据成盐计算法则计算推测，墓葬土样盐分主要为硫酸盐和氯化盐。结合壁画酥碱病害的位置及其测试结果，推测壁画水盐运移以硫酸盐和氯化盐为主，而酥碱病害多是以硫酸盐为主。水盐运移过程中，氯化盐运移较快，为毛细前锋，而硫酸盐运移相对较慢，为亚前锋。

表 2-5　　　　　　　　　　不同位置土壤提取液离子含量测试

距墓底高度（cm）	CO_3^{2-}	Cl^-	NO_3^-	SO_4^{2-}	Na^+	K^+	Mg^{2+}	Ca^{2+}
0	24.2867	25.0235	10.0823	140.3925	112.3228	1.7542	5.4452	41.9292
20	35.7362	21.8552	11.9763	131.7363	103.2823	1.8363	9.7372	50.8873
40	38.8237	19.3292	11.8724	139.9392	113.9437	1.9065	8.3744	56.3976
60	41.3828	21.2303	10.6325	151.1973	135.8649	0.9383	7.4738	39.8163
80	56.9235	28.2392	10.2304	166.8756	139.7635	1.8087	6.8374	45.4112
100	32.0942	49.8236	9.8328	225.3947	158.3842	1.7923	5.0934	52.9106
120	—	44.2392	9.3252	204.6375	121.3924	1.8372	5.9349	67.7601
140	—	31.2302	—	122.9952	82.8829	1.9383	6.3984	34.9285

导致该墓葬土样发生盐析现象的主要原因，在于其所在环境具有较高的潜在腾发量。在这种强烈的蒸腾作用下，水分迅速失去，而土壤中的盐分（尤其是钠离子 Na+）却因"水走盐留"的机制被逐渐浓缩，不仅显著提高了土壤溶液中的盐浓度，还加剧了 Na+ 的相对浓度，使得盐分更容易在壁画表面聚集。[1] 此外，空气中含有的水汽以及酸性气体，与土壤中的矿物组分经过一系列复杂而微妙的相互作用，进一步促进了盐结晶的生成。这些盐结晶不仅威胁着壁画的保存状况，也对整个墓葬环境的稳定性构成了潜在风险。

（四）酥碱土样 SEM 及 EDX 分析

通过对酥碱土样及未酥碱土样进行 SEM（扫描电子显微镜）及 EDX（能量色散 X 射线光谱）能谱分析（图 2-27、图 2-28），结果明确揭示

---

[1]　Gibson L. T., Cooksey B. G., Littlejohn D., "Characterisation of an unusual crystalline efflorescence on an Egyptian limestone relief", *Analytica Chimica Acta*, Vol. 337, No. 2, January 1997, p. 160.

了壁画地仗层土体及其孔隙中存在显著的盐分析出现象。这些盐分在宏观层面上的析出，对壁画的表层图像信息造成了严重影响。盐析结晶颗粒不仅填充于土壤孔隙内，还侵入了壁画颜料层的间隙，通过物理过程中的溶解—结晶循环，导致土体内应力发生变化，进而引发酥碱病害的产生。同时，在化学作用下，空气中的水分与酸性气体和土壤中的矿物成分发生反应，生成水合盐，这一过程伴随着结晶物体积的变化，进一步加剧了土体团粒间的挤压效应。综合物理与化学过程的协同作用，壁画内部土体的内聚力显著下降，最终导致了壁画表面出现酥碱、脱落、起甲等严重病害。①

图 2-27　壁画表面未酥碱土样 SEM 图谱及 EDX 测试

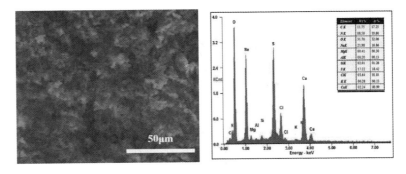

图 2-28　壁画表面酥碱土样 SEM 图谱及 EDX 测试

---

　　① 万良兴、田军仓、郑艳艳等：《土壤中水、热、盐耦合运移机理与模型的研究进展》，《节水灌溉》2007 年第 3 期。

（五）激光粒度测试

　　利用激光粒度仪对墓室前室与后室的土体进行测试分析，结果显示（图2-29、图2-30），不同区域土样的粒度累积分布特征存在显著差异。具体而言，前室中发生酥碱病害的地仗层土样，其粒度累积分布呈现正态分布趋势，且主要集中在40—45μm范围内；相比之下，未受酥碱

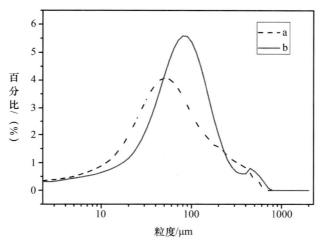

图2-29　前室土壤粒径分布

（a. 已酥碱；b. 未酥碱）

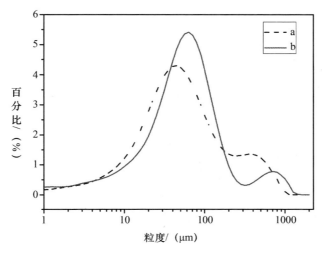

图2-30　后室土壤粒径分布

（a. 已酥碱；b. 未酥碱）

病害影响的地仗层土样，其粒度累积分布同样为正态分布，但主要范围则扩大至 60—65μm。类似地，在后室中，产生酥碱病害的地仗层土样粒度累积分布也遵循正态分布规律，主要集中在 50—55μm 区间；而未发生酥碱病害的地仗层土样，其粒度累积分布的主要范围则与前室未受损土样相近，为 60—65μm。这些结果表明，土样的粒度分布与酥碱病害的发生之间存在一定的关联性。

通过对比分析，可以明显观察到酥碱土样的粒径相较于未酥碱土样存在减小的趋势。这一趋势在前室尤为显著，由于前室与墓道之间的位置关系更为接近，使得该区域的蒸发作用更为强烈，从而加剧了土样粒径的减小，这一发现与宏观调研的结果相吻合。盐析作用作为酥碱病害的主要诱因，其在微观层面上的影响表现为土壤团粒结构的破坏，这种破坏进一步在宏观层面上体现为壁画表面地仗层的粉化、碎裂现象，严重损害了壁画的保存状况与艺术价值。

四 壁画表面盐析结晶物及地仗层分析

（一）表面盐结晶成分分析

采用 Quanta200 型环境扫描电子显微镜 SEM 及 EDX 能谱分析仪，全自动 X-射线衍射仪（XRD），对表面无机盐结垢物微观形貌及成分进行分析，测试结果如图 2-31 所示。结果显示表面盐析结晶物中 Na、S、O 元素相对含量较多。

1. SEM 及 EDX 分析

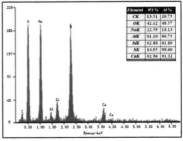

图 2-31 壁画表面白色盐析微观形貌 SEM 图谱及 EDX 能谱分析

2. X 射线衍射分析

综合 EDX 数据，由 XRD 图谱（图 2 - 32）分析可知，壁画表面白色盐析物主要成分为芒硝。

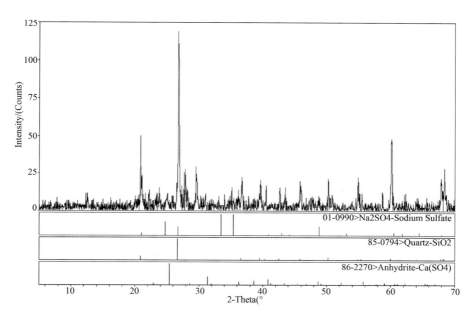

图 2 - 32　壁画表面白色盐析物 XRD 分析

（二）地仗层分析

由于壁画的风化、脱落、缺失，严重限制了用于分析的样品采集。因此，主要通过环境扫描电镜能谱和 X 射线衍射分析测试对采集到的微量壁画泥质地仗样品进行了成分以及化学元素分析，分析结果如图 2 - 33 所示。

结合 XRD 和 EDX 分析（图 2 - 34）结果，丁家闸五号壁画墓墓道墙体地仗层的主要成分为石英、长石等。结合文献资料，该墓葬壁画工艺为地仗层上施一薄层草泥，且厚薄不均（介于 3mm 至 2cm），泥层上刷一层土，后彩绘壁画。

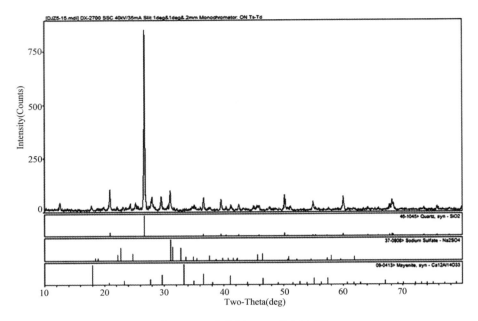

图 2 – 33　地仗层 XRD 物相分析

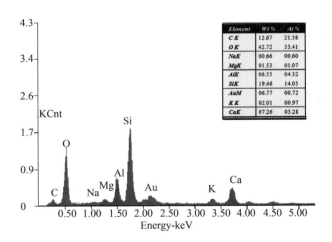

图 2 – 34　地仗层 EDX 能谱分析

第三节　半湿润地区墓葬壁画盐析病害分析

一　遗址简介

韩休墓位于陕西省西安市长安区郭新庄村南，在杜陵东南 2km 的少陵原上。陕西省考古研究院考古专家、该项目负责人刘呆运说，在该墓西侧有唐代著名的韦氏家族墓、长孙无忌家族墓，该墓南侧为唐代武惠妃敬陵，东侧为唐代宰相杜如晦家族墓葬，可谓唐代的名人墓葬群。为唐玄宗时期宰相韩休的墓葬，北壁绘制的大幅独屏山水壁画（图 2 – 35）[①]，对中国绘画史具有重要研究价值和意义。[②] 经考古确认，该墓深约 11m，坐北向南，墓道至墓室总长约 40m，是一座由长斜坡墓道、4 个过洞、5 个天井、甬道和墓室组成的唐代高等级墓葬，虽然遭到严重盗扰，但墓葬形制基本完整。在发掘中，发现墓道、过洞、天井部分仅在墙面隐约有白灰层以及红色影作木构痕迹，过洞仅存一个壁龛未被盗掘，出土陶俑若干。由于壁画保存环境相对恶劣，发掘清理后，在进行了前期的加固等保护后进行了整体搬迁。

图 2 – 35　韩休墓壁画[③]

（a. 北壁 "山水图"；b. 东壁 "乐舞图"）

---

① 郑岩：《唐韩休墓壁画山水图刍议》，《故宫博物院院刊》2015 年第 5 期。

② 刘呆运、赵海燕：《韩休墓出土山水图的考古学观察》，《文博》2015 年第 6 期。

③ 杨文宗：《唐韩休墓壁画的抢救性保护》，《中国国家博物馆馆刊》2016 年第 12 期。

二　保存现状调查分析

由于墓葬经多次盗扰，且湿度较大，壁画表面出现了画存在空鼓、开裂、酥碱、霉斑、起翘、局部脱落等病害。

（一）环境特征

所处地区处于中国的西北部，气候属暖温带半干旱半湿润大陆性季风气候。四季分明，夏季炎热多雨，冬季寒冷少雨雪，春秋时有连阴雨天气出现。西安处于陕西中部，为关中盆地之腹，海拔在410—1300m 之间，属于典型的温带大陆性季风气候。长安区平均气温 13.1℃—13.4℃。年极端最高气温 35℃—41.8℃；极端最低 -20℃——16℃。该墓葬经发掘后，墓室内微环境中温湿度波动较为频繁（图 2-36、图 2-37）。

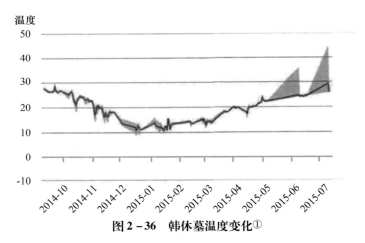

图 2-36　韩休墓温度变化①

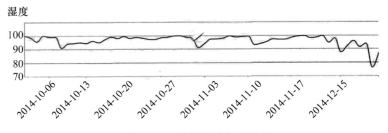

图 2-37　韩休墓湿度变化②

① 杨文宗：《唐韩休墓壁画的抢救性保护》，《中国国家博物馆馆刊》2016 年第 12 期。
② 杨文宗：《唐韩休墓壁画的抢救性保护》，《中国国家博物馆馆刊》2016 年第 12 期。

（二）壁画病害调查

由照片（图 2 - 38）可见壁画地仗层、颜料层表面出现部分起甲现象，且壁画土体部分出现了因盐析造成的酥碱现象。壁画地仗材料中仅存在可溶盐，并不一定发生酥碱病害，即可溶盐与壁画酥碱病害无必然关系，导致壁画发生酥碱病害还与其他因素，如壁画材料[①]中的水分、壁画所处的环境、温湿度等有关。

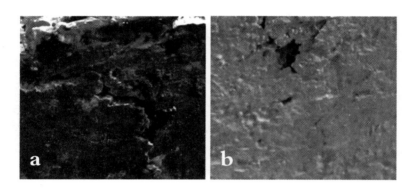

图 2 - 38　壁画颜料层及墓道土体病害照片

通常壁画发生酥碱病变是由壁画内部结构中的水分蒸发引起的。随着水分的蒸发，水中的可溶性盐类就会在壁画内部结晶，破坏壁画内部结构，从而导致壁画酥碱破碎和脱落。水分中的可溶盐结晶于何处，由环境所决定。壁画酥碱病变是一个相当复杂的物理化学过程，影响因素很多，主要有四个方面：地仗层中是否含可溶盐及其含量多少；环境因素；壁画内部的水分含量及移动方向；墓室砖体中所含可溶盐。所以，存在于壁画中的水分及溶解在水中的可溶盐是酥碱壁画成因的基本物质条件，而水分的蒸发则是酥碱病变的主要原因。

三　壁画盐析病害成因分析

（一）实验仪器

测试仪器及参数设置同本章第二节"三壁画盐析病害成因分析"。

---

① 严静、刘呆运、赵西晨等：《唐韩休墓壁画制作工艺及材质研究》，《考古与文物》2016 年第 2 期。

（二）测试方法

测试方法同本章第二节"三 壁画盐析病害成因分析"。

（三）结果及讨论

1. 土壤性能测试

通过西安地区的气候资料可知，遗址所处区域雨量充沛，极易造成表面水分下渗到壁画墓室内，且地下水位较高，水盐运移活动频繁。含水率随距墓底高度的升高有减小的趋势，土壤电导率与含盐量的变化趋势相一致。

温湿度的波动变化，造成壁画表面与外界环境的水分交换，可溶盐随水分迁移至表面，富集、结晶，引起土体结构疏松、粉化。

表2-6中不同层位土壤性能测试结果显示，土壤取样位置随距墓室底部的升高，电导率呈现升高的趋势，含盐量变化趋势与电导率趋势相同。各层位土样 pH 值相差不大，介于 7.73—7.85 之间，显示弱碱性。经液塑限仪测试该墓室土壤各层位平均塑性指数为 11.54，应为壤土。

表2-6　　韩休壁画墓土壤电导率、易溶盐含量、含水量分析

距离墓底高度	含水率%	pH 值	电导率 ms/cm	易溶盐含量 g/kg
20cm	20.32	7.87	1.292	4.67
40cm	20.24	7.81	1.282	4.53
60cm	20.15	7.84	1.303	4.73
80cm	20.11	7.81	1.213	4.85
100cm	20.04	7.85	1.318	4.89
120cm	20.05	7.82	1.307	4.81
140cm	19.84	7.79	1.311	4.83
160cm	19.53	7.73	1.278	4.51

2. 物相分析

由壁画地仗层酥碱样块 XRD 分析结果（图2-39）可知，该墓葬主要存在硫酸盐类盐析。而硫酸钠、硫酸钙等的结晶，因膨胀系数较大，极易产生土体力学性能的改变，从而造成壁画地仗层、颜料层酥碱，导致脱落、起甲等病害的发生。

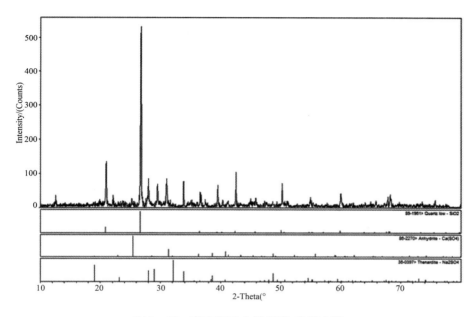

图 2 - 39　墓室酥碱土样 XRD 物相分析

3. 离子色谱分析

根据实地调研，选择纵向等间距（10cm）取样。表 2 - 7 中数据显示，土样中阳离子为 Na^+、Ca^{2+}、K^+、Mg^{2+}，阴离子主要为 SO_4^{2-}、NO_3^-、CO_3^{2-}。而 Na^+、Ca^{2+}、SO_4^{2-} 含量相对较多，结合 XRD 衍射分析结果，可推测盐析主要为可溶盐 Na_2SO_4、NaCl 及微溶盐 $CaSO_4$。Na^+ 是土壤交换相的主要阴离子，少量 NO_3^-、NH^{4+} 的存在，可能与微生物等的硝化作用相关。

而不同高度处的离子浓度变化趋势，SO_4^{2-} 含量变化趋势与高度呈负的相关性，墓室底部含量较高。Na^+、Ca^{2+} 随着取样高度的升高，含量也有所减少。根据成盐计算法则计算推测，墓葬土样盐分主要为硫酸盐。

表 2 - 7　　　　　　　不同位置土壤提取液离子含量测试

距墓底高度 （cm）	CO_3^{2-}	NO_3^-	SO_4^{2-}	Na^+	K^+	Mg^{2+}	Ca^{2+}
0	4.7363	9.7521	124.2344	45.9026	3.2862	13.2976	49.3284
20	5.2838	5.8262	131.3308	29.8652	4.5527	11.0832	53.8237

距墓底高度 （cm）	CO_3^{2-}	NO_3^-	SO_4^{2-}	Na^+	K^+	Mg^{2+}	Ca^{2+}
40	3.2982	6.3293	127.0824	38.0927	5.2942	12.8362	58.0924
60	4.3894	11.2837	142.9811	48.8622	4.4258	13.9289	61.4132
80	6.7363	10.0392	133.3827	62.5453	5.1105	12.8772	65.8813
100	5.2838	7.8873	143.9525	59.0298	3.8904	11.6524	58.0974
120	—	10.9274	123.0942	52.5453	2.0934	9.0234	39.2302
140	3.6252	13.7823	118.8274	45.0382	1.9344	10.4942	42.0811
160	—	—	109.3292	42.7237	—	8.8237	33.8292

　　导致该墓葬土样盐析的主要原因是较高的潜在蒸发量，蒸腾作用水分失去后，"水走盐留"，不仅增大了土壤溶液中的盐浓度，也增大了土壤溶液中的 Na^+ 的相对浓度，盐分极易聚集在壁画表面。[1] 而空气中水汽及酸性气体，与土壤中矿物组分经过相对繁杂的作用过程而产生盐结晶。

　　4. 酥碱土样 SEM 分析

　　由图 2-40 中 EDX 数据可推测，未酥碱地仗层土样主要由石英、钙铝长石等矿物组成。

　　对比未酥碱和酥碱土样（图 2-40、图 2-41），酥碱土样中 Ca 元

图 2-40　壁画表面未酥碱土样 SEM 图谱及 EDX 测试

　　① Rodriguez-Navarro C., Doehne E., "Salt weathering: influence of evaporation rate: super saturation and crystallization pattern", *Earth Surface Processes and Landforms*, Vol. 24, No. 3, July 1999, p. 195.

素、Na 元素与 S 元素较未酥碱土样含量高。综合 XRD 及离子色谱数据分析结果，可推测该壁画酥碱样块表面主要存在硫酸盐类的结晶，且土样表面被可溶盐侵蚀，表面形貌遭到一定损毁。

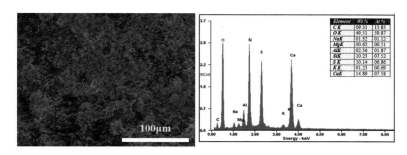

图 2－41　壁画表面酥碱土样 SEM 图谱及 EDX 测试

5. 激光粒度测试

对该墓室土体进行激光粒度仪测试分析的结果，如图 2－42 所示，进一步证实了之前的观察：酥碱病害影响下的地仗层土样，其粒度累积分布呈现出正态分布特征，且主要集中在 35—40μm 的较小粒径范围内；而相比之下，未受酥碱病害影响的地仗层土样，其粒度累积分布同样呈正态分布，但粒径范围则显著增大，主要集中在 55—60μm 之间。总体上

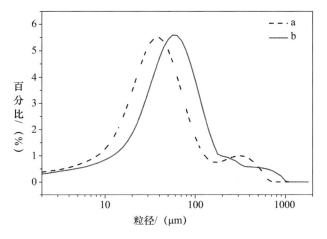

图 2－42　土壤粒径分布

（a. 已酥碱；b. 未酥碱）

看，这一分析揭示了酥碱土样的粒径相较于未酥碱土样存在明显的减小趋势。这一现象归因于盐析作用所引发的酥碱病害，该病害在微观层面上破坏了土壤团粒结构，进而在宏观层面上表现为壁画表面地仗层的粉化、碎裂，对壁画的整体保存状况构成了严重威胁。

小　结

　　盐析作为北方地区墓葬壁画原址保存中最为主要且严重的病害形式之一，其影响深远，对壁画的安全保存构成了严峻挑战。当前，针对壁画盐析病害的研究多聚焦于遗址中可溶盐及微溶盐类型的分析，而对于盐析后壁画不同层位土体的土壤性能、物相结构、纵向离子分布特征以及土体表面形貌等微观层面的探究则相对匮乏。深入这些方面的研究，不仅能够揭示盐析作用对壁画土体造成的具体影响，还能为从微观层面理解和解决盐析病害提供科学依据。此外，针对半干旱区及半湿润区墓葬壁画盐析病害的专项分析，更是对制定更为精准有效的保护策略具有重要意义，有助于推动该领域保护研究的进一步发展。

　　（1）针对半干旱地区墓葬壁画，选取酒泉地区丁家闸五号壁画墓为调研对象，采用土壤性能测试分析仪器、IC、XRD、SEM、激光粒度仪等对盐析壁画地仗层土体性能、结构、离子分布进行表征，结果表明酥碱土样中硫酸钠、硫酸钙等硫酸盐含量相对较高，目前盐析结晶物主要聚集在距墓室底部 1m 左右的高度。离子色谱数据表明，SO_4^{2-} 含量随高度的增加有增大的趋势，墓室底部含量较高，而 Cl^- 则在距墓室较高处含量较高。根据成盐计算，土样盐分主要为硫酸盐和氯化盐，且以硫酸盐为主。SEM 及 EDX 分析显示，酥碱土样较未酥碱土样 S、Na、Ca 元素含量较高。微观形貌观察发现，硫酸盐在土壤颗粒间填充，并部分沉积于表面，造成宏观上的白色盐析，导致壁画酥碱病害产生。酥碱土样粒径较未酥碱土样有减小的趋势，且由于前室与墓道更为接近，蒸发作用更为明显，前室酥碱土样粒径减小趋势更为明显，与宏观现象相一致。

　　经过全面的调查与科学分析，表明硫酸钠、氯盐等可溶盐的盐害破坏是丁家闸五号壁画的主要病害，前室四壁下部盐析较为严重，致使壁画颜料层、地仗层严重脱落。离子色谱数据可溶盐离子含量与宏观现象相一致，目前盐分主要聚集于距墓底约1m高度处。墓室环境的反复的干湿循环、冷热循环，造成壁画土体中的硫酸盐反复结晶，结晶后体积膨胀造成对土壤团粒的挤压崩解，土体结构不断疏松，引起壁画地仗层土体的破坏，致使壁画表面酥碱、起甲，甚至脱落，造成无法挽回的损失，应及时采取应对措施，挽留住珍贵的文化遗产。

（2）针对半湿润地区墓葬壁画，选取西安地区韩休墓作为调研对象，经过实地调研，可见壁画颜料层及墙体表面出现了部分颜料层起甲、墓道土体酥碱现象，对壁画造成了一定的破坏。通过对墓室内温湿度的数据分析，考古发掘后，该墓室环境受外界环境影响较大，温湿度波动较大，且湿度的波动影响了壁画土体内的盐析结晶物的产生，在一定程度上导致了壁画起甲、酥碱等现象的产生。

采用 XRD、IC、SEM、激光粒度仪及土壤性能测试等表征手段对盐析壁画地仗层土体性能、结构、离子分布进行分析，结果表明土壤电导率与含盐量具有正的相关性，SO_4^{2-} 含量变化趋势与高度呈正的相关性，墓室底部含量较高。Na^+、Ca^{2+} 随着取样高度的升高，含量也有所减少。根据成盐计算法则计算推测，墓葬土样盐分主要为硫酸盐。SEM 及 EDX 分析显示酥碱土样较未酥碱土样 S、Na、Ca 元素含量较高。结合 XRD 数据分析结果，表明硫酸钠、硫酸钙等的结晶析出是韩休墓壁画盐析的主要病害。激光粒度仪数据表明，35—40μm 为酥碱土样主要分布范围，未产生酥碱土样粒度累积分布呈正态分布，55—60μm 为其主要分布范围，酥碱土样粒径分布中心向小粒径偏移。

（3）综合两个地区典型墓葬壁画盐析病害成因及特征分析，墓葬壁画盐析主要是由硫酸盐及氯盐的结晶作用导致，且以硫酸盐为主。盐析酥碱后的壁画土样均有粒径分布中心偏移为小粒径的特征。靠近墓室外侧，因与外界环境空气流动较为频繁，因此更易于产生盐析病害，出现酥碱、起甲、脱落等病害类型。

第 三 章

基于水—热特征的模拟墓葬壁画
水盐运移规律研究

第一节 引言

盐析是壁画的主要病害之一，指在水的参与下，壁画地仗层、支撑体等孔隙介质及附着的墙体中的可溶盐、微溶盐随水迁移富积于壁画表面，产生表聚作用，破坏稳定的孔隙结构，导致酥碱、起甲、脱落等病害现象产生。

影响壁画遗址土壤水盐运移的要素有环境温湿度变化、土壤含水量、可溶盐分布状况、地下水位、土壤质地等，而环境温湿度变化、土壤含水量变化及可溶盐分布状况是其主导因素。墓葬壁画中土壤水盐迁移过程[1]，是水分、溶质、温度之间互相影响所致，因此溶质的迁移转化和温度、含水率分布梯度对水分运动的影响都是在水分运动基础上进行的。[2]

通过对墓葬壁画实地调研及对壁画结构层中土体的采样分析，发现水盐迁移作用是诱导其发生盐害的最主要诱因。可溶盐对遗址的物理侵蚀在很大程度上取决于环境介质在遗址本体中的传输与劣化机制，以墓葬壁画本体的毛细性和溶质迁移基本理论为理论依据，设计墓葬壁画土体盐分毛细迁移模拟试验，准确认识水盐迁移对遗址本体性能劣化特征、

---

① 万良兴、田军仓、郑艳艳等：《土壤中水、热、盐耦合运移机理与模型的研究进展》，《节水灌溉》2007 年第 3 期。

② 叶乐安、刘春平、邵明安：《土壤水、热和溶质耦合运移研究进展》，《湖南师范大学自然科学学报》2002 年第 2 期。

有效控制其对遗址本体劣化过程、建立有效的保护措施。

　　本章依据前面章节在墓葬壁画盐析病害的基础上，在陕西师范大学遗址模拟坑选取富盐区域建设模拟墓葬壁画墓室，通过 ARN-TSWC 土壤温度及含水率记录仪、ARN-TSDD 电导率记录仪等对壁画土体不同高度处温度、含水率、电导率等数据进行实时监测。并通过离子色谱仪对不同高度土样离子含量及种类进行定量分析，利用 X 射线衍射仪对纵向不同高度及横向不同深度处土样进行分析，并利用 SEM 对盐析后的不同区域位置的土样形貌及元素进行表征，为探索墓室环境中水—热—盐的相互影响关系及其变化规律奠定一定的实验基础。

　　壁画地仗层土体水盐运移，受土壤含水率、环境湿度、盐分成分等影响因素复杂多变。为探讨地仗层土体中水盐耦合迁移过程规律，在人工控制条件下，动态观测模拟壁画土体水盐运移变化过程。基于壁画土体的毛细水运移规律，根据墓葬壁画墓室高度，采用 2.0m 高度垂直土柱作为研究载体，实验室内向土柱内供试硫酸钠、氯化钠、氯化钙等混合盐溶液，模拟 2.0m 高度土壤水盐运移①，采用多点土壤温湿度、电导率记录仪监测水盐运移过程中土壤纵向各深度实时的土壤温湿度及电导率变化的规律。通过不同时间跨度测量得到的土体表面土样的电导率以及含盐量。利用扫描电镜分析土柱纵向不同深度土样的形貌差异，利用能谱以及离子色谱仪对土壤结晶盐所含元素以及无机盐离子种类进行分析，利用 X 射线衍射仪对土柱表面盐分种类进行分析表征。本部分研究可为一维纵向环境下硫酸盐及氯化盐可溶盐运移规律，为其盐析病害的防治和治理提供理论参考意义。

第二节　模拟墓葬壁画水盐运移规律研究

一　实验方法

（一）实验仪器

实验仪器及测试条件如表 3-1 所示。

---

　　①　C. Borges, C. Caetano, J. Costa Pessoa, "Monitoring the removal of soluble salts from ancient tiles by ion chromatography", *Journal of Chromatography*, Vol. 770, No. 3, January 1997, p. 198.

表 3 - 1   实验仪器与测试条件

实验仪器	测试条件
HE173 型高精度温湿度记录仪（深圳市华图测控系统有限公司）	温度精度：±0.5℃，湿度精度：±3%RH
ARN-TSDD 电导率记录仪（河北奥尔诺电子科技有限公司）	外接 6 路电导率传感器，测量范围：0.00~20.00ms/cm，测量精度：EC ±2%，分辨率：0.01ms/cm
ARN-TSWC 土壤温度及含水率记录仪（河北奥尔诺电子科技有限公司）	外接 6 路温度传感器，温度范围：-30℃~70℃，精度：±<0.2℃，温度分辨率：0.1℃；外接 6 路含水率传感器，含水率范围：0~100%，精度：±<0.2%，分辨率：0.1%
ICS—1500 离子色谱仪（美国戴安公司）	Dionex IonPac ® AS19 阴离子色谱柱，洗脱液 20.0mmol/LNaOH，流速 1.0mL/min，ASRS ® - ULTRA II 电化学抑制器，进样体积 10μL
	Dionex IonPac ® CS12A 阳离子色谱柱，洗脱液 20.0mmol/L 甲烷磺酸，流速 1.0mL/min，CSRS ® - ULTRA II 电化学抑制器，进样体积 10μL
D/Max2550VB +/PC 全自动 X 射线衍射仪（日本理学公司）	管压 40kV，管流 30mA；扫描类型：连续扫描，扫描速度 5°/min
Quanta—200 型扫描电子显微镜（美国 FEI 公司）	分辨率：高真空模式下 30kV 时，3.5nm；最大束流：2μa。附件：EDX 能谱分析仪
SINT DRMS 阻尼抗钻仪	可连续测量，穿透力：0—100N，转速：20—1000rpm，钻进速率：1—80mm/min

（二）土壤温度、含水率及电导率探头的设置

1. 模拟墓葬壁画墓室建设

为真实模拟墓室壁画的保存环境，经过前期调研分析，历史文化遗产保护教育部工程中心在陕西师范大学土遗址模拟坑内富盐区有针对性的建设模拟壁画墓洞（图 3 - 1）进行科学研究。模拟墓葬壁画墓室呈长方形（长约 6m，宽约 2m），墓室顶部呈拱形，最高处至底部约 1.8m。依据古代墓葬壁画制作工艺，采用支撑体（青砖）、地仗层（2cm 草拌泥层）、画面层（一层薄白灰层上涂颜料层）的构建方式，依据古代壁画颜料绘制工艺进行壁画制作（图 3 - 2）。壁画绘画颜料采用矿物颜料（朱

砂、石青、石绿、铁棕、雌黄等色），依据支撑体、地仗层及颜料层的结构依次进行壁画制作过程。[1]

图3-1　模拟壁画墓室照片

图3-2　绘制部分壁画内容

（a. 东壁壁画；b. 西壁壁画）

---

[1]　吴炜：《传统壁画的制作技法和临摹》，《民间艺术研究》1998年第3期。

2. 土壤温度、含水率及电导率探头布置

通过如图3-3所示，在陕西师范大学模拟壁画墓室东壁的墙壁上分别在距离墓室底面20cm、40cm、60cm、80cm、100cm、120cm处插入ARN-TSDD电导率记录仪、ARN-TSWC土壤温度及含水率记录仪探头进行实时数据监测。墓葬内部监测项目包括墓内环境温湿度、不同高度处土壤温度、土壤湿度及土壤电导率（图3-4），通过软件设置其数据监测间隔均为10min。

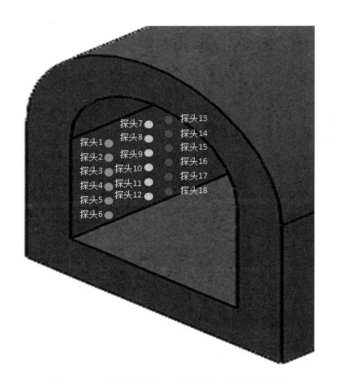

图3-3　土壤温湿度、电导率传感器位置示意

（1—6为温度传感器，7—12为含水率传感器，13—18为电导率传感器）

（三）测试方法

1. 离子色谱对土样阴、阳离子的测定

土样经105℃烘干、称重、溶样、过滤处理，取滤液定容至50ml容量瓶中待测。

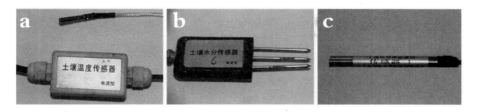

图 3 - 4　土壤温湿度、电导率采集器及传感器

（a. 土壤温度传感器；b. 土壤水分传感器；c. 土壤电导率采集器）

2. X 射线粉末衍射（XRD）测定

土样经风干、碾磨、过筛处理，取一定量土样在玛瑙研钵中研磨后过 200 目筛，待测。通过对模拟墓室不同层位地仗层样品进行 XRD 分析，可以明确土壤中不同深度及高度物相变化的规律。

3. 遗址不同深度含水率及温度、湿度与电导率测定

采用 ARN-TSDD 电导率记录仪、ARN-TSWC 土壤温度及含水率记录仪探头实时监测记录 6 个不同深度处土壤温度、土壤含水率及电导率。

4. 抗阻尼系数测定

通过钻孔的方式对被测物体表面施加连续不断的力，采集不同钻孔位置上的钻探阻力曲线图，以此判断被测物体的内部结构及其腐朽状况。能够精确测量被测物体表面的风化及腐朽程度，提供准确的数据支持。通过 USB 连接线与计算机相连，便于数据的实时传输和处理。

本次测试，选用 5cm 阻尼抗钻仪钻头对模拟壁洞的侧壁进行阻尼强度测试（图 3 -5）。

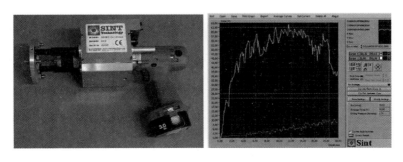

图 3 -5　无线阻尼抗钻仪

二　环境温湿度年变化规律

壁画墓葬经发掘后，其原有的封闭环境便被打破，导致微环境的温湿度难以维持稳定状态。在大气环境的持续作用下，墓室内部经历着反复的干湿循环过程。若墓葬环境如同南方般过度潮湿，极易成为微生物滋生的温床，诱发多种微生物病害。相反，在干旱及半干旱的北方墓葬环境中，壁画则更易遭受盐析的侵袭，局部区域可能因此出现开裂、起甲、粉化等严重损害现象。图 3-6 的数据直观展示了墓室内外全年温湿度变化趋势的高度一致性，这有力证明了外部环境的变化对墓室内部微环境具有显著影响。同时，由于墓室处于半封闭状态，其内部湿度相较于外部环境全年偏高；而温度方面，则在春季与冬季略高于外部，夏季与秋季则略低于外部，这些差异进一步揭示了墓室微环境的独特性与复杂性。

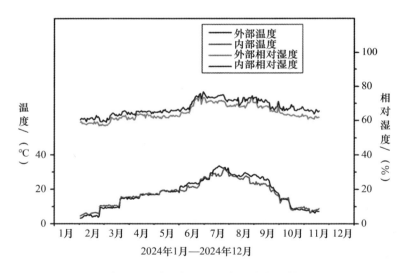

图 3-6　模拟墓室温湿度环境监测数据

三　土壤温度变化规律

土壤的结构复杂，其固相成分主要由矿物质与有机质两大部分构成。矿物质作为土壤的基础骨架，涵盖了原生矿物、次生矿物以及氧化物等多种类型，它们为土壤提供了稳定性和肥力基础。而有机质则主要来源于动植物的残余物，这些有机物在土壤微生物的积极参与下，经历着不断地分解、合成或聚合过程，既转化为生物体不可或缺的营养成分，又部分释放至周围环境中，促进了生态系统的物质循环。土壤的气相与液相则巧妙地充填于土骨架之间的微小孔隙之中，它们之间的体积比例呈现出一种动态的反比关系，即一方增多时，另一方则相应减少，这种平衡关系对于土壤的通气性、保水能力以及整体生态环境都具有至关重要的影响。

温度是土壤形成过程中一个至关重要的因素，它直接影响着土壤发育的强度与方向。在寒冷的地带，低温环境限制了土壤中的化学作用，使得这些反应相对较弱，进而减缓了植物的生长速度和有机质的形成量。同时，低温也抑制了土壤微生物的活性，导致土壤中养分的转化过程变得缓慢。相反，在热带地区，高温促进了土壤中除石英外的绝大多数矿物质发生不同程度的风化，为植物提供了丰富的养分，使得植物生长迅速，有机质积累丰富，微生物活动也因此而更加旺盛，加速了生物小循环的速率，与寒冷地区形成了鲜明对比。此外，降水量对土壤形成的影响同样不容忽视。干旱气候下，水分的稀缺使得盐类在土壤中不断积累，引发土壤盐渍化问题；而在潮湿气候中，充足的降水则不断淋洗土壤中的盐基离子，导致土壤胶体逐渐酸化，这些变化都深刻影响着土壤的性质与结构。

土壤温度的动态变化是自然界中一个复杂而微妙的过程，它不仅受到外部环境因素，如太阳辐射、气温、降水等的直接影响，还深刻依赖于土壤本身的物理特性，尤其是土壤的导热性和热容量。这两个属性共同决定了土壤如何响应外部热源的加热或冷却作用，进而影响到土壤内部温度的空间分布和时间变化。

土壤温度的变化与土壤的导热性和热容量相关。土壤的热扩散率 Dh（单位：$cm^2 \cdot s^{-1}$）等于土壤热导率与体积热容量之比，即：$Dh = k/Cv = k/(\rho \cdot Cm)$。土壤孔隙率、含水率等因素影响土壤的热导率。[1] 土壤孔隙率是影响热导率的关键因素之一。孔隙率较低的土壤，其颗粒排列更

① 李海艳：《非饱和土壤高温储热过程的实验研究》，硕士学位论文，河北工业大学，2008年，第23页。

为紧密，颗粒间的接触面积增大，形成了更多有效的热传导路径，使得热量能够更顺畅地在土壤颗粒间传递，从而提高了土壤的导热性能。土壤孔隙度越小，容重大，排列紧密，团粒接触面积大，导热性能则越好。由表3-2可知，土壤水的热导率较气体大，含水量越高，液相参与热传导比率越大，土壤的热导率也越大。

表3-2　　　　　　　　土壤中不同物质的热容重

土壤组成成分	容积热容（Cv/J·cm^{-3}·℃$^{-1}$）
石英	2.171
土壤空气	0.001
水	4.200
碳酸钙	2.218

　　壁画墓葬内的土壤构成了一个相对开放的耗散体系，这一体系持续不断地与外界环境进行着物质与能量的交换。在非饱和土壤中，空气能够自由流动，与大气环境保持实时的交互。土壤热量的收支平衡受到太阳辐射能的主导，其收入主要源自太阳辐射，而支出则包括土壤水分的蒸发以及加热土体自身所消耗的能量。太阳辐射能的季节性波动显著影响着土壤的热状态，导致土壤温度也呈现出相应的波动趋势。然而，除太阳辐射能这一主要因素外，季节更迭、昼夜交替、降雨蒸发过程、土壤本身的质地与含水率、地理位置以及地表植被覆盖情况等多种因素，均在不同程度上对土壤温度的变化规律产生着影响。

　　具体而言，地表土壤温度以年为周期进行变化，在北方地区，这一变化尤为明显，通常表现为七月份达到最高值，而一月份则降至最低点。随着土壤深度的增加，这种年际变化逐渐变得平缓。例如，在地表以下十二米的深度范围内，每向下延伸一米，土壤温度年最高值的出现时间便会相应延迟二十天至三十天。更为深入地，土壤温度的年变化幅度会迅速减小，直至达到一个恒温层。这一恒温层的深度因地理位置的纬度而异，一般在低纬度地区约为5—10m，中纬度地区为15—20m，而高纬度地区则可能深达20m左右，且在此层内，土壤温度不再受季节性变化的影响。

土壤温度的日波动规律（图 3 - 7）与年波动（图 3 - 8）近似，近似于正弦周期性规律。且土壤温度的变化存在滞后性；且越深温度的变化幅度相对越小。由如下公式表示：

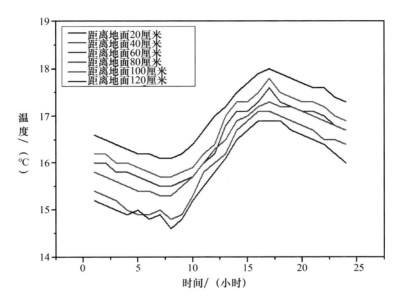

图 3 - 7 模拟墓室不同高度处土壤温度日变化曲线

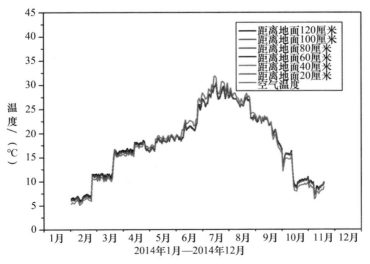

图 3 - 8 模拟墓室纵向不同高度处土壤温度与室温的关系

$$T (z, t) = T_{ave} + A_{Z*} \sin [2\pi/\triangle * t + \varphi (z)]① \qquad (3-1)$$

其中，$T (z, t)$ 为 t 时刻深度 z 处的土壤温度；T_{ave} 为土壤表面的平均年（或日）温度；A_Z 为深度 z 处的土壤温度的年（或日）变幅；$\varphi (z)$ 为与深度 z 有关的函数；$\triangle$ 为波动周期（年为 365，日为 24）。

图 3 - 8 显示，墓室内、外温湿度全年变化趋势基本一致，说明外部环境的改变对墓室内部微环境的变化具有一定的影响。且由于墓室处于半封闭状态，全年墓室内部湿度较墓室外部均较高，而墓室内部温度在春季、冬季较墓室外部稍高，夏季、秋季墓室内部较外部稍低。

如图 3 - 9 显示，模拟墓室纵向不同高度处探头温度与空气温度的关系可以看出，不同高度土壤探头所测温度同大气温度的变化趋势一致，春、夏季呈现逐渐增加的趋势，秋、冬季呈现逐渐下降的趋势。春、冬季，土壤温度普遍高于空气温度，由于土壤具有一定的保温性②，随着土壤埋深深度的增加，土壤探头温度呈现出逐渐升高的趋势。而夏、秋季，

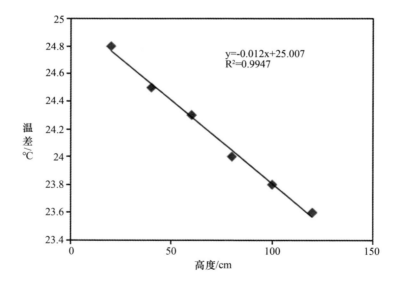

图 3 - 9   温差与高度的关系

① 李法虎：《土壤物理化学》，化学工业出版社 2006 年版，第 95 页。

② 陈世强、吕世华、奥银焕等：《夏季不同土壤湿度和天气背景条件下绿洲土壤温湿特征的个例分析》，《中国沙漠》2007 年第 4 期。

土壤温度普遍低于空气温度，由于土壤的导热性不好，随着土壤埋深深度的增加，土壤探头温度呈现逐渐降低的趋势。因此，上层土温随季节的变化幅度要大于下层土壤，土层越深土温变幅越小。由于墓葬壁画各层绘画材料的热膨胀系数不同，甚至相差很大，导致体积伸缩和变化速度各异，易使壁画表面开裂。[①]

四　土壤含水率变化规律

土体含水率的动态变化，作为自然界中一个持续且复杂的过程，深刻地影响着土体的结构稳定性。水汽的凝结、降水的浸润、毛细水自下而上的上升以及地表水分的蒸发等自然现象，共同作用于土壤，使其不断经历着干湿循环的洗礼。这种频繁的干湿交替，不仅加速了土壤团聚体的老化进程，还通过膨胀、收缩和侵蚀等多种机制，显著加速了土壤团聚体的分裂与破碎。特别地，当土壤过度湿润时，黏合物质的溶解、黏合力的减弱以及黏粒的膨胀和弥散等现象愈发明显，进一步加剧了土壤团聚体的崩裂。此外，土壤团聚体的不均匀湿润还会在其内部引发膨胀压分布的不均衡，这种不均衡的力场直接作用于团聚体结构，导致其破裂和破碎。非饱和土壤水力传导度的大小依赖于土壤含水率、土壤溶液的盐碱度以及土壤溶液的 pH 值等因素。

在墓葬壁画等文化遗产的保护领域，土体中的水分运移更是一个不容忽视的问题。通常，墓葬壁画土体中的水分运动遵循着三个主要方向（图 3 - 10）：地表水通过降水或农田灌溉等方式渗入土壤，形成自上而下的入渗状态；地下水则借助毛细作用，从地下向地表迁移，形成逆向的毛细迁移状态；同时，表层土壤中的水分在蒸发作用下，发生水平方向上的运移。这三种水分运移状态相互交织，共同作用于墓葬壁画所在的土体环境，对壁画本体的保存状况构成了潜在的威胁。因此，深入研究并有效控制土体含水率的动态变化及其引起的土壤结构破坏，对于保护墓葬壁画等珍贵文化遗产具有重要意义。

图 3 - 11 所展示的数据清晰揭示了墓室内部不同高度处土壤含水率与空气湿度之间的紧密关联，二者在季节变换中呈现相似的趋势。具体而

---

① 全艳锋：《山东地区古建筑壁画病害形成机理》，《齐鲁艺苑》2014 年第 1 期。

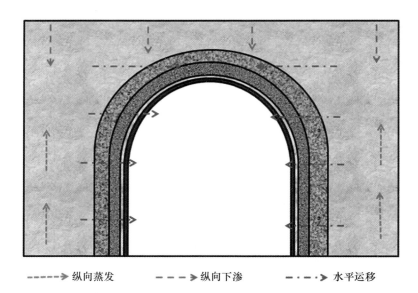

图 3-10 模拟墓室水分运移剖面

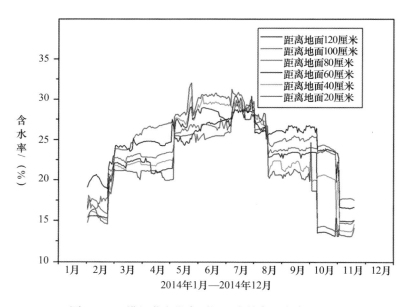

图 3-11 模拟墓室纵向不同深度处含水率变化趋势

言，夏季时由于外界湿度相对较高，墓室土壤的含水率也相应上升，且这一趋势在土壤埋深较深处（更接近墓底的位置）更为显著。同时，观察发现土壤探头的湿度变化幅度随季节更替而减小的现象与土壤埋深成正比，即埋深越深，湿度变化越小；反之，浅层土壤的含水率则对季节变化更为敏感，波动幅度较大。在墓葬壁画所处的复杂环境中，水分的运移不仅是一个单纯的物理过程，它还伴随着热量的传递，两者相互作用，共同塑造了土体内部独特的微环境。温度的交替变化促进了水分的运动，而水分的迁移又反过来影响了土壤的物理性能，如导热系数、热扩散系数和热容等关键参数，这些变化对于土壤的性质与结构产生了深远的影响。此外，土体内部纵向形成的水势及温度梯度，作为热量与水分传输的重要驱动力，进一步加剧了这种相互作用。它们不仅影响着土壤内部水分的重新分布，还通过改变土壤的热学特性，对墓葬壁画的保存环境构成了复杂的挑战。

与温度相比，相对湿度对壁画材料影响更大，保存环境内保存环境的平均温度变化范围内不会引起材料的直接损坏，而平均相对湿度的变化幅度接近 50%，几乎所有的壁画材料都能迅速作出相应的反应。

墓室壁画地仗层、支撑体等都属于多孔介质，墓室内、外空气之间温度、湿度的差异及空气的传导，会产生壁画结构的吸湿、放湿过程。大气环境中的影响因素，影响墓室内微环境的湿度变化，湿传递过程随着时间变化而产生变化，是不稳定的复杂过程。

采用斯威玛 Swema03 + 风速仪（瑞典斯威玛有限公司）对模拟壁画墓葬进行一天的风速测试，测试结果如图 3 – 12 所示。

由图 3 – 12 中数据可知，模拟墓室环境中，墓室口较墓室内部风速大，墓室口风速波动频率稍大一些，但整体上墓室口与墓室内部风速波动不大。室内空气环流较为稳定时，仅存在水蒸气分压 P_m 的驱动力。墓室内相对湿度较大时，吸湿流量 Q_x 大于放湿流量 Q_f，为吸湿状态（图 3 – 13）；而相对湿度较小时，Q_x 小于 Q_f，为放湿状态[①]（图 3 – 14）。

溶解度（solubility），又称为饱和平衡溶解度（saturated dissolved saturation solubility），或稳定平衡溶解度（stable equilibrium solubility），通常是指在一定温度下，固体盐在充分搅拌条件下溶解在溶剂中并达到热力

---

① 闫玲、张虎元、吕擎峰等：《洞窟壁画等温吸湿—放湿数理模型》，《敦煌研究》2008 年第 6 期。

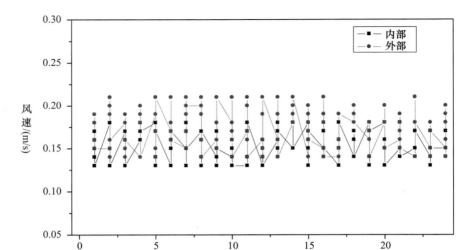

图 3 - 12 模拟墓室风速随时间变化

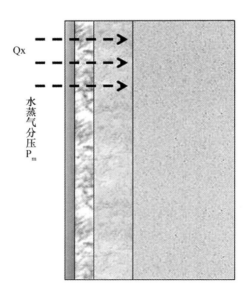

图 3 - 13 墓室壁画吸湿

学平衡态时的饱和溶液中盐的浓度。实际上就是溶剂和溶质之间的一种平衡状态、饱和状态。饱和溶液中，溶质的固相和它的饱和液相已经建立了一种平衡关系，这种平衡关系是有条件的。当条件改变时，

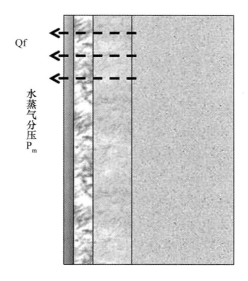

图 3 – 14　墓室壁画放湿

平衡就被破坏，系统将再次出现物质之间的转化，最终导致新条件下的平衡。

在水盐体系中，水就是一种良好的溶剂。盐的溶解度就是在特定温度下，固体盐在充分搅拌条件下溶解在水中并达到热力学平衡态时的饱和溶液中盐的浓度，即二元水盐体系的溶解度。换言之，通常所称的盐的溶解度，是指在一定温度下，溶质在水中达到饱和溶解平衡状态的盐的浓度。固体盐与其溶液之间的这种热力学平衡关系，通常可用固体盐在水溶液中的溶解度来表示。盐类物质的溶解度与它的化学性质、溶剂的性质和温度有关，盐在水中的溶解度主要是随温度的变化而变化，压力的影响可忽略不计。因此，溶解度数据可用溶解度。对温度所标绘的溶解度曲线来表示。因此，盐的溶解度特征既表现在溶解度的大小，也表现在溶解度随温度的变化。有些盐类的溶解度随温度的升高而迅速增大，如 $KAI(SO_4)_2 \cdot 12H_2O$、CH_3COONa、$KClO_4$、$CuSO_4 \cdot 5H_2O$、$Na_2CO_3 \cdot 10H_2O$；有些盐类的溶解度随温度升高以中等速度增大，如 KCl、$NaNO_3$、$NaHCO_3$、$AgNO_3$、CH_3COOAg；有的盐类随温度升高只有微小的增加，如 $NaCl$。上述这一类盐类物质溶解度随温度升高而增加，称为正溶解度，在水中溶解时吸收热量。另一类盐类物质，其溶解度随温度升高反而降低，即为逆溶解度，如 Li_2SO_4、$CaSO_4$、Na_2SO_4，在水中溶解时释放热量。

因 NaCl 随温度的变化，相变不明显，下面以 $Na_2SO_4 - H_2O$ 二元体系进行分析。由相图（图 3 - 15）可知，由于零变点 G 点在其平衡的两固相点 $Na_2SO_4 \cdot 10H_2O$ 和 Na_2SO_4 之外，因此可以判断 $Na_2SO_4 \cdot 10H_2O$ 为不稳。定水合物。32.38℃为 $Na_2SO_4 \cdot 10H_2O$ 的转变点。

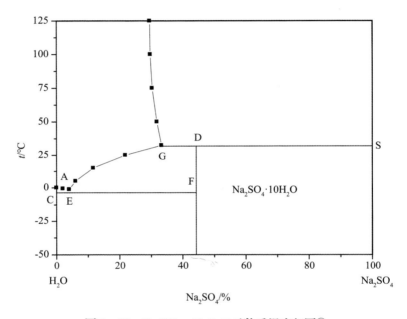

图 3 - 15 $Na_2SO_4 - H_2O$ 二元体系温度相图①

在转溶过程中，系统点将由代表 $Na_2SO_4 \cdot 10H_2O$ 的 D 点，沿着 DS 朝着代表 Na_2SO_4 的 S 点移动，液相点在 G 点保持不变，而固相点在 DS 连线上。当系统到达 S 点时，表明转溶过程完成，此时固相和液相点分别位于 S 点和 G 点（表 3 - 3）。因此代表芒硝的杠杆臂为 GS，长度为 66.3 个单位，代表 Na_2SO_4 的杠杆臂为 GD，长度为 11.0 个单位。

① 邓天龙、周桓、陈侠：《水盐体系相图及其应用》，化学工业出版社 2013 年版，第 30 页。

表 3 - 3　　　　　　　　　　　$Na_2SO_4 - H_2O$ 体系溶解度数据

温度/℃	液相组成（质量分数）/%	平衡固相
0	0	冰
− 0.6	2.0	冰
− 1.2	4.0	冰 + $Na_2SO_4 \cdot 10H_2O$
5	6.0	$Na_2SO_4 \cdot 10H_2O$
15	11.6	$Na_2SO_4 \cdot 10H_2O$
25	21.8	$Na_2SO_4 \cdot 10H_2O$
32.38	33.25	$Na_2SO_4 \cdot 10H_2O + Na_2SO_4$
50	31.8	Na_2SO_4
75	30.3	Na_2SO_4
100	29.7	Na_2SO_4
125	29.5	Na_2SO_4

　　图 3 - 16 直观地展示了墓室口与墓室内侧逐月平均温湿度的对比情况，其中圆形点代表墓室口的温湿度数据，方形点则标注了墓室内侧的相应数据。虚线方框则勾勒出了稳定相图的边界，为我们理解墓室微环境的动态变化提供了重要参考。图中清晰反映出，在半封闭状态的墓室环境中，相对湿度的年变化差异显著。特别是在冬季和春季，墓室内部相较于外部环境更为寒冷且潮湿，这种内外环境的鲜明对比，加之墓室内部持续的温湿度波动，共同促成了干湿交替的循环作用。这种环境条件下，硫酸钠的相变成为可能，其溶解度随温度降低而急剧减小的特性，使得硫酸钠在季节变换中因溶解—重结晶过程引发的膨胀现象尤为显著，且通常比单纯蒸发引起的膨胀更为严重。这一过程在墓室墙体表面尤为明显，易导致形变甚至脱落，与墓室中常见的酥碱病害紧密相关。相比之下，夏季和秋季时，墓室环境的相对湿度处于硫酸钠相变的稳定期内，不易触发重结晶过程，尽管也存在温湿度的变化，但酥碱病害的发生风险相对较低。此外，通过对比墓室内、外侧环境的温湿度变化规律，可以看出年平均温湿度的变化幅度在外侧相较于内侧更为显著。

五　土壤电导率及土壤易溶盐分析

　　土壤溶液相由水、溶解物以及胶体物质组成。土壤溶液中的溶解物

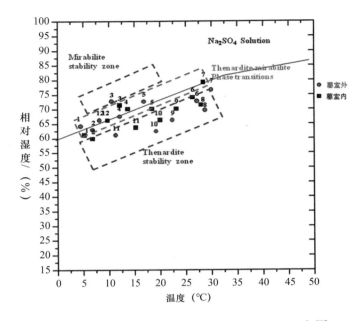

图 3 - 16 墓室环境温湿度年变化与 $Na_2SO_4 - H_2O$ 相图

包括溶解的气体和固体。在自然条件下，当土壤矿物（固体）与水接触时就会发生溶解或沉淀反应，同时土壤胶体也会对土壤溶液中的离子发生吸附或解吸附作用。在给定的环境条件下，土壤固相与液相处于动态平衡状态。当环境条件改变时，土壤中的固相和液相将在新的条件下趋于达到一种新的平衡状态。土壤溶液在土水势的作用下运动，从而引起溶质在土壤剖面内运移和重新分布。另外，局部土壤溶液浓度的变化也会引起溶质在土壤中的运动并反过来对土壤水分的运动施加一定的影响。因此，所有影响土壤溶液化学组成、浓度、运动的因素在一定程度上都影响着溶质在土壤中的分布。

通过对不同深度处土壤电导率的实时监测（图 3 - 17），结果显示随着土壤埋深深度的增加，土壤电导率有升高的趋势。而随着季节的交替，电导率亦发生有规律的波动现象，春季至夏季有持续升高的趋势，直至夏季达到最高点；秋季至冬季有持续降低的趋势。

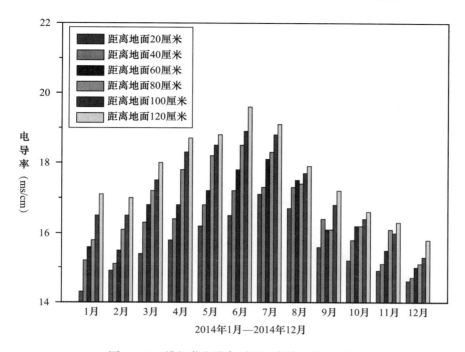

图 3 - 17　模拟墓室纵向不同深度处土壤电导率

对不同深度处土样进行离子色谱分析①，数据显示（图 3 - 18），土壤中阳离子主要有 Na^+、Ca^{2+}、Mg^{2+}、K^+，阴离子主要有 Cl^-、SO_4^{2-}。各种离子随取样高度的增加，基本都显示增加的趋势，且 Na^+、Ca^{2+}、SO_4^{2-} 离子变化趋势明显，增幅较大，通过成盐计算，表明壁画土体表面析出盐分主要以硫酸钠和硫酸钙为主，在水分运移带动下，由毛管力作用下，盐分被带至高处。在不断地收缩—膨胀的过程中，墓室壁画极易受到该类盐害的侵蚀，最终形成酥碱、起甲、脱落等病害。

由图 3 - 19 可看出，纵向不同高度处的土样中含有的阳离子、阴离子在不同高度的变化趋势与含盐量在不同高度的变化趋势基本一致，随取样高度的增加，离子浓度有逐渐增大的趋势，显示在垂直方向上，存在毛细水由下至上的迁移趋势，最终在一定层位聚集，随着外界环境的交

———————

① 邓天龙、周桓、陈侠：《水盐体系相图及其应用》，化学工业出版社 2013 年版，第 30 页。

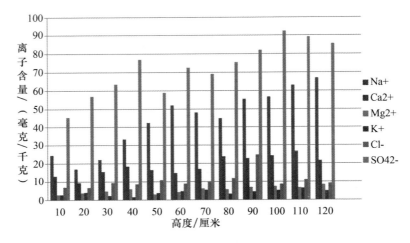

图3-18　模拟墓室不同高度处土样各离子含量与深度的变化关系

替变化，盐随水动，在土体表面结晶析出，继而破坏土壤团粒结构。可判断，可溶盐离子在毛管水的作用下自下而上迁移，Ca^{2+}、Na^{+}、SO_4^{2-}最后在一定高度范围内聚集，并且随着外界环境的变化（如干湿循环、冷热循环等）而变化。

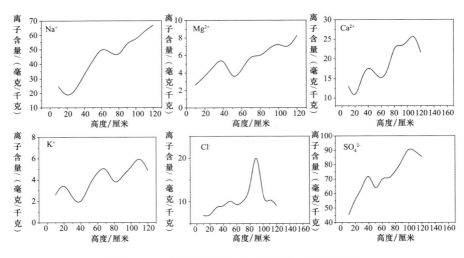

图3-19　土样无机盐离子浓度与纵向深度曲线

六　不同位置土壤物相分析

根据不同高度处土样 XRD 检测结果（图3-20、图3-21），纵向上不同高度土壤所含盐分主要有 $CaSO_4$、$NaCl$、Na_2SO_4，硫酸钠、硫酸钙相应峰值较高，氯化钠峰值较低。随着高度的增加，硫酸盐的峰值强度稍有增加，100—120cm 高度，即所绘壁画最高位，峰值最高。120cm 高度处，横向上，越接近于表面，峰值相对较高（从地仗层砖缝处向内取样），内部 12cm 处，可溶盐强度峰值均有所下降，这与可溶盐不断随壁画表面随水分蒸发在表面富集相对应。土体依据土工程勘察规范①，氯盐的溶解作用较小，保水性较强，极易使土体软化。而环境因素的变化，致使硫酸盐会发生膨胀作用，以含结晶水的稳定的晶体结构存在，含结晶水的无机盐体积膨胀（$Na_2SO_4 \cdot 10H_2O$ 为 Na_2SO_4 体积的 3.1 倍），随着结晶物在壁画土体中沉淀的累积于孔隙，空隙不断缩小，土壤团粒之间受到膨胀力的挤压，致使土体结构破坏。墓室环境经过反复的干湿循环

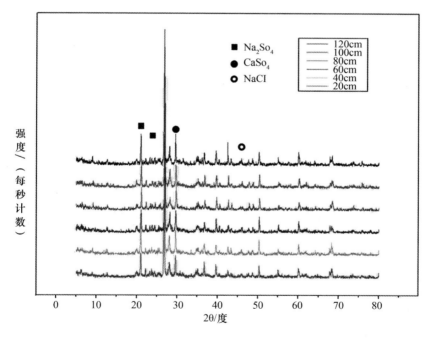

图 3－20　纵向不同高度土样 XRD 图谱

① 张丹、张尚欣、夏寅等：《秦陵百戏俑坑土遗址纵向水盐运移的模拟土柱实验研究》，《文物保护与考古科学》2015 年第 S1 期。

后、冷热循环后，结晶盐不断地析出导致土壤间隙增大，土壤团粒之间产生机械挤压作用，使土体团粒结构发生变化，反复的溶解蒸发作用促使墓室壁画表面发生酥碱、起甲、疱疹等病害（图3－22为模拟墓室建设一年后，壁面出现的部分病害现象）。

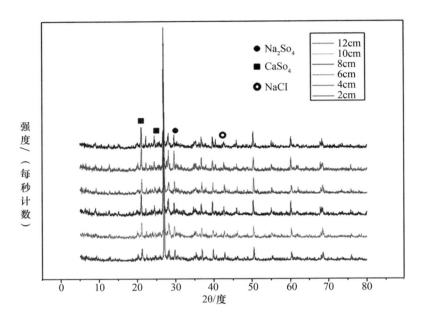

图3－21　120cm高度横向不同深度土样XRD图谱

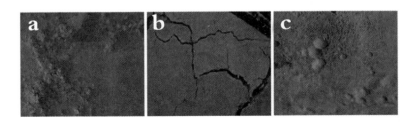

图3－22　可溶盐析出造成的表面病害（a. 酥碱；b. 起甲；c. 疱疹）

七　模拟壁画表面样块SEM及EDX分析

由图3－23及图3－24中扫描电镜的形貌考察可看出，酥碱样块表面较未酥碱样块Na、S、O元素含量相对较高，且表面出现粉化现象，并有少量白色的盐分析出。

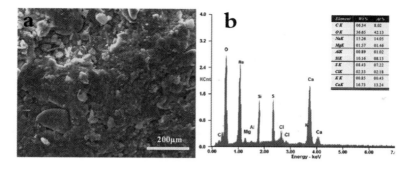

图 3 – 23　酥碱样块 SEM 图谱及 EDX 测试

图 3 – 24　未酥碱样块 SEM 图谱及 EDX 测试

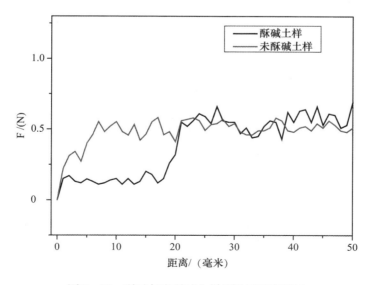

图 3 – 25　酥碱与未酥碱土样抗阻尼强度测试

八　壁画土体抗阻尼强度测试

对比未酥碱及已经发生酥碱病害处的抗阻尼强度（图 3 – 25），壁画墙体酥碱表面向内部 2cm 内抗阻尼强度较未酥碱有所降低，而 2cm 内强度基本差异不大。

第三节　模拟墓葬壁画土体纵向
水盐运移规律研究

墓葬壁画土体的孔径分布、相对湿度的波动以及温度的变化，共同构成了导致壁画发生盐析劣化的多重致病因素。这一复杂过程中，土体内部的水分运移与孔隙结构的变化紧密相连，呈现出高度的动态性。具体而言，当土颗粒遇水时，其物理化学性质发生变化，导致颗粒大小的重塑，进而引发遗址中原有孔隙结构的重新组织。基于第二章的研究成果，已知墓葬壁画所遭受的盐析病害主要源于硫酸盐和氯化盐的盐析结晶，且这些盐类物质在土体中的纵向迁移尤为显著。为了深入探究硫酸盐和氯盐在壁画土体中的这一迁移机制，采用了垂直土柱法，以期通过实验手段精确揭示两者在土体内部纵向方向上的水盐运移规律。

一　实验方法

（一）实验供土的制备及理化性质

选用陕西省西安市长安区混合土样，取回后，反复地经超纯水洗盐后晾干，经碾压、粉碎、风干、过筛后测定其基本物理化学性质。

经测试，Ks 饱和导水率 0.00217cm/min，土壤容重为 1.58g/cm^3。由达西定律和质量守恒定律可得出垂直一维非饱和土壤水分的以下形式：

$$q = K（h）dh/dz + K（h）$$

式中，q 为土壤水分通量，单位为 cm/min；K（h）为非饱和导水率，单位为 cm/min；h 为土壤基质势，单位为 cm；z 为垂直坐标。

表 3 - 4 试验土壤盐分基本组成

土壤盐分离子组成 mg/kg					
Ca^{2+}	Mg^{2+}	Na^+	K^+	SO_4^{2-}	Cl^-
2.13	1.14	1.23	0.52	6.15	0.76

表 3 - 5 试验土壤成盐种类和含量

成盐种类	NaCl	Na_2SO_4	$MgCl_2$	$MgSO_4$	$CaCl_2$	$CaSO_4$	
含量/（%）	1.25	2.28	—	5.70	—		0.19

表 3 - 6 试样土壤颗粒组成

颗粒组成百分比（%）			
<0.002mm	0.002—0.075mm	0.075—0.25mm	>0.25mm
2.98	13.87	22.71	60.44

由表 3 - 4、表 3 - 5 及表 3 - 6 中数据可知，经过水洗后的土样中可溶盐含量较低，可减小水盐运移测试可溶盐含量减少误差。

（二）垂直土柱制备及实验过程

实验装置由垂直土柱、马氏瓶、传感器装置组成[1]（图 3 - 26）。垂直土柱高 2m（平均分为四段，用法兰转接）、直径 45cm。纵向每隔 10cm 处设有直径 5cm 及 2cm 的两个圆孔，可插入土壤温度、含水率及电导率传感器进行监测。[2] 底部设有进水阀，进行供水；并在水位与土层的界面处设有排气孔。

根据图 3 - 26 中实验有机玻璃土柱装置，分别选取 20—40 目、40—60 目、60—80 目、80—100 目、100—200 目等不同粒径土壤混合而成，进行实验垂直土柱的装填。

1. 土柱填装

在实验模拟土柱筛板上铺上经过超纯水洗涤的石英砂反滤层。选用

---

① 张丹、张尚欣、夏寅等：《秦陵百戏俑坑土遗址纵向水盐运移的模拟土柱实验研究》，《文物保护与考古科学》2015 年第 S1 期。

② 《岩土工程勘察规范》（GB50021 - 2001），中国建筑工业出版社 2001 年版。

 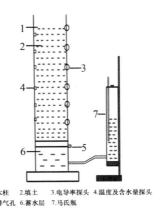

直径40cm，高20cm

1.木柱　2.填土　3.电导率探头　4.温度及含水量探头
5.排气孔　6.蓄水层　7.马氏瓶

图 3 – 26　垂直土柱实验装置（左）及示意（右）

筛选好的容重为 1.58 的土壤进行装填，装填的过程中为保证层间的均一性，进行夯筑，且每次夯筑前每一层的土保证质量一致，夯筑移动的距离也保持一致。

2. 传感器布置

有机玻璃柱身每隔 20cm 分别在同一层位开设直径为 1cm 和 4cm 的两个孔，便于插入感应探头。装完土后，在相应部位插入温湿度、电导率探头，并用土将孔口进行密封装填，并用橡胶塞塞紧，传感器感应探头采集频率为 1 次/30min。

3. 实验过程

实验装置系统模拟 200cm 墓葬壁画土体高度，马氏瓶中注入超纯水（高度约为 2/3 高度），为土柱装置提供模拟地下水供给。马氏瓶中设有一根较细致的玻璃管，玻璃管的底部与填土的分界面保持相平以控制水位。通入将配制好的质量分数为 0.5% 的硫酸钠、氯化钠及氯化钙（三者比例为 2：1：1）的复合盐溶液，注入马氏瓶内，开始实验过程。2015 年 1 月 2 日 9：30 开始通水，2015 年 5 月 13 日 14：00 左右水分运移至土柱顶部。为保持水位不变，需持续给马氏瓶进行供超纯水。

（三）测试方法

采用 ARN-TSWC 土壤温湿度记录仪及 ARN-TSDD 土壤电导率记录仪进行实时数据监测，选用采集器进行数据全程跟踪实时监测记录，设备脱离计算机独立工作，采用数据采集中心 V2，进行数据传输。

待水盐运移至顶部后，在水平方向上用土壤取样器在纵向上和横向上分别对土样进行取样测试。测试方法如下：

（1）离子色谱对土样阴、阳离子的测定（测试方法同 3.2.1）。

（2）土样及可溶盐 X 射线粉末衍射（XRD）测定（测试方法同 3.2.2）。

（3）遗址不同深度含水率及温度、湿度与电导率测定（测试方法同 3.2.1）。

（4）扫描电镜和能谱分析（测试方法同 3.2.1）。

二 土体毛管水上升高度随时间的变化特性

土壤是由固、液、气三相组成的复杂的多孔介质。当土壤空隙全部被水充满则土壤中水分处于饱和状态，称为饱和土壤水。存在于地面以下的饱和土壤水一般称为地下水。当土壤孔隙未被水充满，土壤中水分处于非饱和状态时，称为非饱和土壤水，又称土壤水。

土壤是由土粒和土壤团聚体组成的镶嵌系统。土粒与土粒或土粒与土壤团聚体之间通过点或面接触，土粒或土壤团聚体之间存在的间隙称为土壤孔隙。土壤中的孔隙形状非常复杂，并且很不规则。

土壤孔隙是水分、空气的通道和储存场所，因此土壤孔隙的数量和质量在农业生产中极为重要。土壤中的孔隙总量可用孔隙度表示，土壤的孔隙体积占整个土壤体积的百分数称为土壤的孔隙度或总孔隙度。相似地，无效孔隙体积占总土壤体积的百分数称为无效孔隙度；毛管孔隙体积占总土壤体积的百分数称为毛管孔隙度；而通气孔隙体积占总土壤体积的百分数称为通气孔隙度。土壤总孔隙度为无效孔隙度、毛管孔隙度和通气孔隙度之和。

自然界水的循环是一个不断演变的连续过程，土壤水分循环主要包括入渗、再分布（内排水）及蒸发过程[①]，水分循环的各个过程有时同时进行，如蒸发过程中水分在向大气散失的同时还经历着向下的运动过程。在这些过程中，不仅水在重新分配和贮存，溶于水中的盐分也同样在重

---

① 《岩土工程勘察规范》（GB50021—2001），中国建筑工业出版社 2001 年版。

新分配。[①] 土壤中的各种水分能保持在土壤中，主要是因为受到了土壤中各种力的作用，例如土粒和水界面上的吸附力，还有土壤孔隙中，固体表面、水和空气界面上的毛管力。

黏土矿物中的水按其存在状态可以分为以下四种类型：结构水、吸附水、层间水和沸石水。(1) 结构水：（化合水）以（OH^-）形式存在于构造内部的氢氧根（铝氧八面体片中的 O_2 与 OH^- 混合面以及 OH^- 面），它是黏土矿物晶体构造的组成部分。结构水并不是真正的水分子，而是以 OH^- 或 H_3O^+ 的形式参与组成晶体结构，并有固定的配位位置和确定的含量比。结构水只有在高温（500℃—900℃或更高）条件下晶格破坏时，才能被释放出来。(2) 吸附水：（束缚水）由于分子间引力或静电引力，具有极性的水分子可以被吸附到带电的黏土矿物表面上，从而在黏土矿物周围形成一层水化膜。这部分水分随黏土矿物颗粒一起运动，所以被称为束缚水。吸附水以中性水分子 H_2O 的形式存在于黏土矿物之中。吸附水在黏土矿物中的含量不定，它随外界环境的温度、湿度等条件而变化。在常压条件下，当温度增高到110℃时，吸附水基本上全部逃逸（胶体水的失水温度略高，一般为 100～250℃）。吸附水的排出，对矿物结构没有影响。(3) 层间水：层间水是指包含在黏土矿物晶体晶层间域内的水。层间水也是以中性水分子 H_2O 的形式存在于黏土矿物之中的。层间水参与组成矿物的晶格，但其含量可在相当大的范围内变动。层间水的含量与黏土矿物所吸附的阳离子的种类有关。例如，在蒙脱石中，当阳离子为 Na^+ 时，常形成一个水分子厚的水层；若为 Ca^{2+} 时，则常形成两个水分子厚的水层。此外，层间水的含量还受外界环境的温度和湿度等条件的影响。在常压条件下，当度达110℃时，层间水即大量逸散；但在潮湿的环境中，黏土矿物又可重新吸收水分。层间水的脱失不会导致结构单元层的破坏，但它却会使得结构单元层之间的间距缩小。(4) 沸石水：沸石水是指存在于海泡石和坡缕石结构空洞中的水。沸石水以中性水分子 H_2O 的形式存在。沸石水在晶格中占据确定的配位位置，其含量有一个最高的上限值。随着外界温度、湿度等条件的变化，沸石水的含量会在一定范围内变化，但不会引起晶格的破坏。

---

① 史文娟、沈冰、汪志荣等：《层状土壤中砂层层位对潜水蒸发的影响》，《干旱区地理》2006 年第 2 期。

此外，结晶水是一种在黏土矿物中不常见的矿物水类型，它也是以中性水分子 H_2O 的形式存在。结晶水参与组成矿物的晶格，有固定的配位位置，水分子数量一定，且与矿物中的其他组分含量成简单的比例关系。结晶水的脱出一般需要较高的温度（200℃—500℃或更高）。

　　水在非饱和土壤中流动的主要驱动力为重力和毛管力。接近饱和的土壤，如灌水后的湿润土壤，其水分将在重力的作用下向下运动，当重力作用和表面张力大小相等时，重力排水停止，毛细作用则成为土壤水运动的主要影响因素。毛细张力指在多种介质中，非浸润相流体和浸润相流体之间在平衡状态下的压力差。由于毛细压力的作用，水保持在土壤孔隙中，并造成负压。土壤粒径大小、不同液体的浸入等都会影响土体中液体与毛细张力的关系。

　　与非浸润液体相比，浸润液体在细管里升高的现象称为毛细现象。构成毛细管力的原因有三：（1）由于水分子本身引力的作用，因而具有明显的表面张力；（2）土粒在吸足膜状水后尚有多余的引力；（3）土壤具有复杂的孔隙系统，存在有大量的毛细管孔隙，具有毛管力，因而能吸持液态水。毛细管吸力一般大约为 2.5—8m。黏土矿物在毛细管力作用下吸水后膨胀自身体积显著地增大。土壤中粗细不同的毛管孔隙连通一起形成复杂的毛管体系（图 3－27），水分从地下水位沿土壤毛管上升

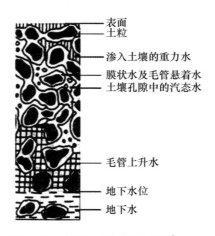

图 3－27　土壤水形态类型示意①

表面
土粒
渗入土壤的重力水
膜状水及毛管悬着水
土壤孔隙中的汽态水
毛管上升水
地下水位
地下水

　　① 邹桂梅、黄明勇、苏德荣等：《蒸发条件下不同地下水位夹砂层土壤水盐运移特性研究》，《中国农学通报》2010 年第 11 期。

的现象称为毛管上升，进入土壤毛管中的水分称之为毛管上升水。毛管上从水面上升的相对高度叫毛管水上升高度（capillary rising height）毛管水的移动，其运动方向总由毛管力小的区域向力大的区域移动。孔径愈细，毛管作用愈强，孔径介于 0.005—0.05mm 之间时，毛管作用最为显著，介于 0.05—1mm 之间时，作用较为显著，而过小（<0.001mm）时，又易被水膜"堵死"，失去毛管作用。该供试土壤（20 目粒径约为 0.84mm，200 目约为 0.074mm）具备毛细水上升的条件。

当水分充满蓄水层并开始进入土壤时，以此作为土壤上升毛管水起始时间，同时读取"马氏瓶"刻度作为水量供给的初始数据，并通过排气孔消除对毛管水上升的阻力。取一个月的数据（2015 年 1 月）分析其毛管水上升高度（图 3-28），常温下（图 3-29，土体温度变化不大，全年处于 10.5℃—24.5℃范围内），均质土毛管水上高度随时间的延长而增加，其变化率随时间的延长而减小。由于多孔介质体中的水分运动均是在各种势梯度作用驱动下进行，对其进行回归分析，结果为：

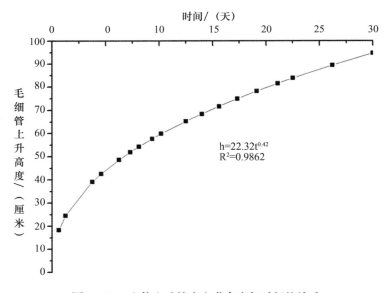

图 3-28　土体土毛管水上升高度与时间的关系

$$h = 22.32t^{0.425}, \quad R^2 = 0.9862 \tag{3-2}$$

　　式中，h 为毛管水的上升高度，cm；t 为毛管水上升时间，d。可以看出毛管水上升高度随时间的变化满足幂函数 $h = At^b$ 的形式。

　　对（3 - 2）求关于时间 t 的一阶导数，可得：

$$dh/dt = 9.486t^{-0.575} \qquad (3 - 3)$$

　　由式（3 - 3）可知，随着时间 t 的延长，毛管水上升速度逐渐减小。

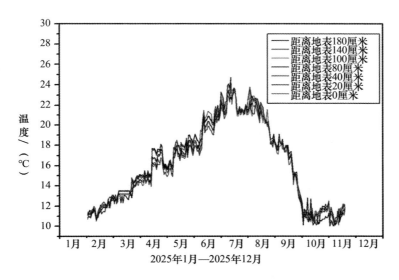

图 3 - 29　土壤温度随时间变化

三　土体含水率与电导率的变化规律

　　土壤水分运动对溶质运移起着一个极为重要的作用。土壤水分运动通量不仅直接影响溶质的对流运移，而且水分运动通量以及平均流速也对溶质的水动力弥散现象具有显著的影响作用。土壤含水率作为非饱和土壤溶质运移控制方程中的一个主要变量，充分显示了水分运动对土壤溶质运移的重要性。因此，土壤水分运动的研究是土壤溶质运移研究的基础。另外，土壤溶液中的溶质对土壤水分运动也有一定的反作用。由达西定理可知，土壤中的水流通量由水分运动的驱动力——土水势梯度（非饱和流条件下）或水力梯度（饱和流条件下）以及土壤水力传导度控制，因此土水势梯度（或水力梯度）以及土壤水力传导度的变化将改变水流运动的通量。下面分别讨论溶质对土水势梯度（或水力梯度）以及土壤水力传导能力的影响。

　　根据达西定律，在水势梯度相同时，土壤水流通量主要与水力传导度有关，而水力传导度则会因含水量在垂直剖面上分布的不同而发生改变，多孔介质体中的水分运动是在各种势梯度作用驱动下进行的。

　　待土壤水分运移至土柱顶端，水盐运移稳定后，在距离土柱顶端向下每隔10cm进行电导率、含水率的数据测试，通过电导率传感器的实时记录结果与土壤含水率的变化关系（图3-30），总体上土壤电导率与含水率存在负的相关性。

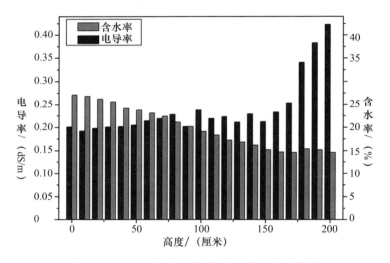

图3-30　垂直土柱土样电导率与含水率变化关系

　　土壤电导率随土壤深度的毛管水的上升有降低的趋势，总体上土壤电导率与含水率存在负的相关性，电导率随深度的增加有所减小，越靠近土柱表面，电导率越高，且主要集中于土柱表面（高度180cm至200cm）。表土的积盐速度与毛管上升水的上升高度和输水速度均有关；毛管水上升高度又是决定毛管水能否输送到土壤表面。在毛管水最大上升高度范围内，当输水速度较快时，就必然加快了积盐速度导致土壤极易返盐。

四　土体土壤电导率与含盐量的变化规律

由图3-31可知，待水分迁移至垂直土柱顶端时，土体中不同高度处土样离子随取样高度的增加均有所增加，由于实验用土中 K^+、Mg^{2+} 含量较低，而提供的可溶盐中主要为 Na^+、Ca^{2+}、Cl^-、SO_4^{2-}，在距离垂直土柱较高处，可明显看出 Na^+、Ca^{2+}、Cl^-、SO_4^{2-} 含量随高度的增加有较明显的提升。图 3 - 32 中显示，不同高度处土体电导率随时间的变化趋势，土柱高度越高处，电导率随水分迁移后，具有先增大后减小，最后趋于平缓的变化趋势，且在土柱最高的土体表面处电导率最大，从侧面印证了随水分迁移，表面富集较多的可溶盐。[1]

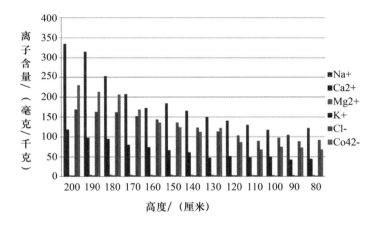

图 3 - 31　土体不同高度处土样各离子含量与高度的变化关系

由图 3 - 33 可以看出，垂直土柱中阳离子和阴离子均随高度的增加，离子浓度有所增加，且在土柱表面含量较高。因实验用土中各种离子含量均较低，故该图中所示为本次水盐运移后的离子浓度，由于本次实验提供的盐分主要含 Na^+、Ca^{2+}、Cl^-、SO_4^{2-}，因此 K^+、Mg^{2+} 在各层位含量相差不大。而 Na^+、Ca^{2+}、Cl^-、SO_4^{2-} 主要集中于垂直土柱表面及其以下 20cm 处，从土柱表面向下每 2cm 为一个取样点进行取样分析离子含量分布状况，结果如图 3 - 34 所示。

从图 3 - 34 中可看出，表面至 20cm 深度范围离子含量分布在表面至

---

　　① 刘广明、杨劲松：《地下水作用条件下土壤积盐规律研究》，《土壤学报》2003 年第 1 期。

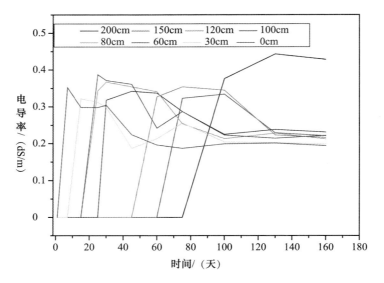

图 3-32 土体不同高度处电导率随时间的变化趋势

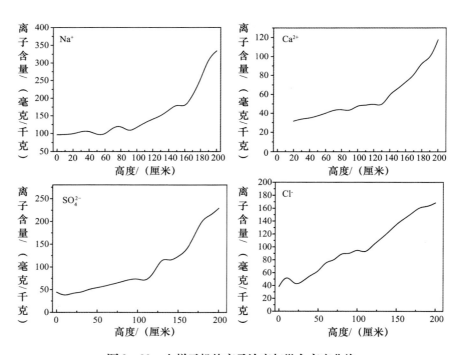

图 3-33 土样无机盐离子浓度与纵向高度曲线

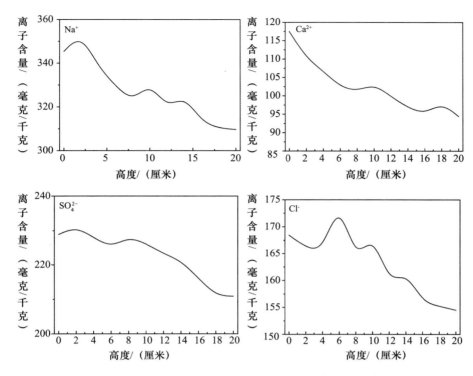

图 3 - 34　土柱表面至 20cm 深度离子浓度与深度曲线

表土以下 10cm 的区域内较为集中，而阴离子 Cl^-、SO_4^{2-} 随水分迁移速度较快，且 Cl^- 较 SO_4^{2-} 稍快，与阴离子半径相关，后者半径较大，受土壤吸附作用较大[1]，趋势较明显。阳离子 Na^+、Ca^{2+} 迁移速度较阴离子迁移速度较慢。且不同高度电导率与含盐量具有较好的正相关性，拟合度较高（图 3 - 35）。

五　土体不同位置土壤物相分析

使用专用取土器，分别在纵向不同深度（分别在土表、10cm、20cm、40cm、60cm、80cm、100cm、120cm、140cm、160cm、180cm、200cm 等处取样）和横向上（分别在土表、2cm、4cm、6cm、8cm、10cm、12cm、14cm、16cm、18cm、20cm、22cm 等处取样）不同距离选取土样进行

---

[1]　李法虎：《土壤物理化学》，化学工业出版社 2006 年版，第 96 页。

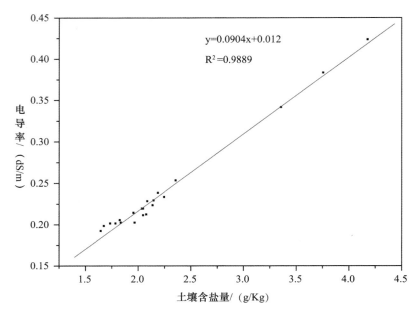

图 3 - 35　电导率与可溶盐含量的线性拟合

XRD 衍射分析。由图 3 - 36、图 3 - 37 中数据不难看出，纵向上土柱距离

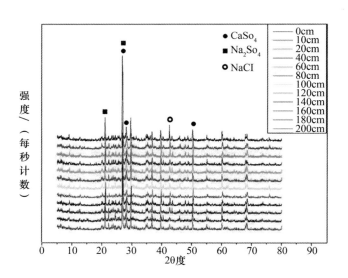

图 3 - 36　纵向不同深度土样 XRD 图谱

土表近盐分含量相对愈多，这与前面的盐分分析结果相一致，距离土表愈浅，其盐分含量相对较多。[1] 特别是土表到深度 20cm 范围内，硫酸钠等含量较多。而由于土壤胶体带负电[2]，对部分阴离子产生排斥作用，尤其是氯离子一般不易被吸附[3]，故其运移速度较快，往往氯化钠可溶盐的迁移出现在毛细前峰，0—10cm 范围内氯离子含量明显较高。而横向上，选取土柱直径的一半，每隔 2cm 进行取样，结果显示，各个位置的盐分含量基本一致，由于土柱为相对封闭的体系，内部与外部含水量等基本一致，水盐并未在水平方向上进行较多的运移。

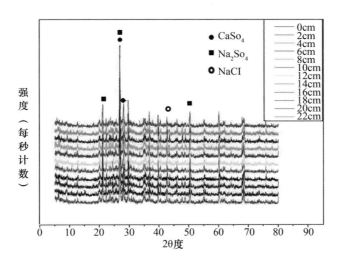

图 3 –37　横向不同距离土样 XRD 图谱

六　土体可溶盐 SEM-EDX 分析

土壤土体中含有多种阴、阳离子，由土壤结构可知，土体颗粒间隙中存在水分，溶质溶于水中后，形成可溶性盐，溶质随着土壤水分的运动而运移，溶质运动在土壤中较为复杂，受到吸附—解吸、沉淀—溶解、离子交换等多种作用，特别是在毛管力的作用下，由低到高运移至土壤

---

① 熊顺贵：《基础土壤学》，中国农业大学出版社 2001 年版，第 123 页。

② 章钢娅、张效年：《可变电荷土壤中阴离子的吸附》，《土壤通报》1994 年第 1 期。

③ 陈铭、刘更另：《可变电荷土壤中主要阴离子的吸附》，《土壤学进展》1986 年第 4 期。

土体表层,结晶析出。通过扫描电镜对比不同深度处土壤扫描电镜形貌及能谱数据,可判断可溶性盐在纵向水盐运移规律的探究提供依据。

水盐运移至土柱顶端后,对土样及可溶盐进行 SEM-EDX 分析,对比土壤表面及深度 200cm 处元素含量,由图 3-38、图 3-39 不难看出,通过水盐运移方式,表土较深层土柱土壤中,Na^+、Ca^{2+}、Cl^-、SO_4^{2-} 含量明显提高。

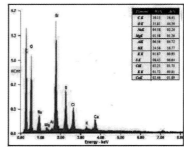

图 3-38　土柱表层土壤 SEM 及 EDX 能谱分析

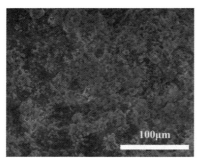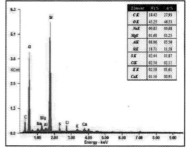

图 3-39　土柱深度 200cm 土壤 SEM 及 EDX 能谱分析

由于土柱顶端与空气保持开放状态,未形成完全封闭的环境体系,这一特性导致了显著的蒸发作用在表土层发生。随着水分的不断蒸发,土壤内部与表面之间形成了水盐运移的环境梯度,促进了盐分向土壤表面的迁移和富集。通过扫描电镜的细致观察,可以清晰地看到表土土壤表面堆积着一层白色的盐分析出物,这些盐分的存在是蒸发作用下水分减少、盐分浓缩的直接证据。进一步对析出的盐分进行成分分析，结果显示，其中可溶性盐以硫酸钠和氯化钠两种类型为主，它们在土壤表层的累积不仅影响了土壤的物理化学性质，还可能对土壤生态系统及植被生长产生深远影响。

七　土体可溶盐成分分析

通过对模拟土柱各深度处离子色谱分析所测得土样中阴、阳离子含量，依据成盐计算得出各层位不同盐成分及含量。依据各层位离子存在形式及含量，通过计算得到各种盐分的质量。阴、阳离子结合原则，通常按其离子活性大小，以等当量的方式相结合（由于试验用经洗盐后，土中 K^+、Mg^{2+} 含量较少，因为计算时可忽略）。Na^+ 先与 Cl^-、SO_4^{2-} 结合，继而 Ca^{2+} 与阴离子进行结合。不同深度盐分数据见表3 – 7。

表3 – 7　　　　　　　　　　土体易溶盐纵向成分分析

取样高度/cm	成盐质量/mg		
	NaCl	Na₂SO₄	CaSO₄
200	154. 23	261. 57	69. 89
180	123. 62	107. 48	81. 88
150	89. 32	68. 56	59. 74
100	71. 52	42. 37	41. 46
50	35. 16	32. 50	19. 83
20	23. 15	28. 14	17. 32
0	12. 08	21. 98	13. 76

由表3—7数据可看出，NaCl、Na₂SO₄、CaSO₄含量均随取样高度有所增加，在180—200cm高度，含盐量最高，可以看到经水盐运移后，盐分主要富集于垂直土柱表面至深度约20cm。

小　结

通过对陕西师范大学模拟壁画墓葬微环境温湿度、电导率等的长期监测及易溶盐分析可得出以下结论。

（1）采用空气高精度温湿度记录仪对模拟墓室空气温湿度实时监测，结果表明墓室内、外温湿度全年变化趋势基本一致，说明外部环境的改变对墓室内部微环境的变化具有一定的影响。且由于墓室相对处于半封闭状态，全年墓室内部湿度较墓室外部均较高，而墓室内部温度在春季、冬季较墓室外部稍高，夏季、秋季墓室内部较外部稍低。冬季、春季是墓室环境中较墓室外寒冷干燥的环境形成对比，墓室内较为潮湿，且经过不断地反复温湿度的变化，形成干湿交替的循环作用，较易形成硫酸钠相变的环境。而夏、秋季墓室环境相对湿度处于硫酸钠相变的稳定期，不易发生重结晶过程，虽出现温湿度的变化，但不易出现酥碱病害。而通过对比墓室内、外侧环境的温湿度变化规律，年平均的温湿度变化，靠外侧的变化较靠内侧的变化幅度大。

（2）通过对墓室不同深度处土壤的电导率和含盐量进行测定，表明土壤电导率和含盐量呈现良好的相关性，且随着距墓室底部高度的增加，含盐量有所增加。离子色谱分析不同深度处土壤含有的无机盐离子类型和含量，可知随着距离墓底土壤高度的增加，离子含量逐渐增加，其中 Na^+、Ca^{2+}、SO_4^{2-} 离子含量比较高，增加的幅度也比较大，结合成盐计算，表明土壤表面析出盐分主要以硫酸钠和硫酸钙为主。而硫酸钠和硫酸钙等在干湿循环下，不断地结晶—膨胀过程是壁画墓葬产生酥碱等病害的主要原因，经抗阻尼强度测试，酥碱土样比未酥碱土样强度有明显减小。

通过实验室运用垂直土柱法模拟壁画土体纵向水盐运移规律研究，得出以下结论。

（1）在常温下，均质土壤中的毛管水上升现象表现出一系列动态变化特性：随着时间 t 的持续延长，毛管水上升的高度虽不断增加，但其上升速度却逐渐减缓，即上升高度的变化率随时间递减。这一现象反映了土壤水分运移过程中能量的逐渐耗散与平衡。同时，土壤的电导率与含水率之间展现出负相关性，意味着土壤含水量的变化会直接影响其导电性能。进一步观察发现，土壤含水率沿着土柱高度方向存在明显的递减趋势，即越靠近土柱底端，含水率越高，这反映了重力作用下水分在土壤中的垂直分布规律，以及土壤毛细管作用对水分保持与运移的综合影响。

（2）在一维垂直方向的单向蒸发作用影响下，经过水分的运移带动作用，Na^+、Ca^{2+}、Cl^-、SO_4^{2-} 含量随高度的增加有较明显的提升，且主要富集于垂直土柱表面 10cm 内。阴离子 Cl^-、SO_4^{2-} 随水分迁移速度较快，且 Cl^- 较 SO_4^{2-} 稍快，与阴离子半径相关，后者半径较大，受土壤吸附作用较明显。阳离子 Na^+、Ca^{2+} 迁移速度较阴离子迁移速度较慢。且不同高度电导率与含盐量具有较好的相关性。纵向上土柱距离土表约越近，盐分含量相对愈多，距离土表愈深，其盐分含量相对较小。特别是土表到深度 0—10cm 范围内，Na^+、Ca^{2+}、Cl^-、SO_4^{2-} 离子含量较多。而由于土壤胶体带负电，对部分阴离子产生排斥作用，尤其是氯离子一般不易被吸附，故其运移速度相对较快，0—10cm 范围内氯离子含量明显较高。由于垂直土柱为封闭体系，垂直一维方向单向蒸发作用显著，横向上盐分含量基本一致，水盐并未在水平方向上进行较多的迁移。NaCl、Na_2SO_4、$CaSO_4$ 含量均随取样高度有所增加，经水盐运移后，盐分主要富集于垂直土柱表面至深度约 10cm 范围内。

第 四 章

$H_3PO_4 - Ba(OH)_2 - TEOS$ 体系多点
原位交联加固壁画研究

第一节 引言

墓葬壁画经历微环境中反复的干湿交替、冷热交替循环后，可溶盐产生结晶—溶解—重结晶循环过程，产生膨胀压，对壁画土体孔隙结构内部产生物理结构和力学性质的改变，导致壁画酥碱、起甲，其本质是可溶盐结晶后破坏了土壤团粒结构，导致壁画本体强度下降。

对于未发生盐析及盐析初期进行壁画加固处理，可有效地提高墓葬壁画强度。参照《中国古代壁画保护规范研究》[1] 中关于古代壁画保护程序、壁画保护修复材料和工艺筛选等，严格按照"不改变文物原状""最小介入"等原则，进行壁画加固材料筛选及加固工艺研究。[2] 壁画保护材料的选用及研制必须满足以下几方面的要求：（1）不改变壁画画面色泽，使用后无色、无炫光；（2）结合力适中，结构上与壁画材料较为接近，力学强度（抗压、抗折）较好；（3）润湿性好，渗透性强，使用后有良好的透气性；（4）耐候性好，具有一定的抗风蚀、雨蚀能力；（5）修复施工工艺简单易操作。[3] 针对墓葬壁画的盐析病害，研究一种满足以上要

---

[1] 王旭东、苏伯民、陈港泉等：《中国古代壁画保护规范研究》，科学出版社 2013 年版，第 33 页。

[2] 杨文宗：《古代壁画加固工艺》，《文博》1996 年第 1 期。

[3] 郭宏、马清林：《馆藏壁画保护技术》，科学出版社 2011 年版，第 108 页。

求的原位保护加固剂及加固方法[1]，是目前急需解决的问题。

本书根据墓葬壁画结构层等特点，研发出一种多点原位交联壁画加固保护材料及加固保护工艺，通过加固后的壁画，具有适宜的强度，且具有良好的透水、透气性，对于受到盐析病害的壁画可初步得到有效的强度支撑，可有效抵御盐析对其本体的破坏，继而进行后续保护措施。

第二节　多点原位交联壁画加固保护材料的研制

一　加固保护材料研制原理

土壤溶质是指溶解于土壤水溶液中的化学物质。溶质在土壤中的运移过程非常复杂，它受到物理、化学以及生物等因素的影响。溶质随着土壤水分的运动而运移，在布朗运动的作用下，它也会在有效浓度（或活度）梯度的作用下由高浓度向低浓度运移。此外，溶质运动还受到吸附—解吸、作物吸收、沉淀—溶解、离子交换等过程的影响。

基于传统的岩土类文物使用 Ca(OH)₂ 的保护方法，依据阴离子在土壤对微量阴离子的吸附顺序，草酸根[2]、磷酸根等微量阴离子与 Ba(OH)₂ 形成 BaC_2O_4 沉淀、$Ba_3(PO_4)_2$ 沉淀，过量 Ba(OH)₂ 在空气中形成 $BaCO_3$ 沉淀。BaC_2O_4、$Ba_3(PO_4)_2$ 沉积于非活性毛细管孔，这些沉淀物不仅在土壤团粒中具有一定填充作用，且还具有吸附离子的作用，从而使这些沉淀物表面带有一定的电荷。这些荷电沉淀粒子可以吸附在具有荷电特性的土壤团粒表面，从而实现荷电粒子对土壤团粒间的静电相互作用交联，而 TEOS（正硅酸乙酯）与土壤孔隙中的水反应，逐步发生水解、聚合、玻璃态及最终的网状硅胶结构，将松散的土壤黏结成整体，生成的 SiO_2 凝胶颗粒填充在土壤孔隙中增强了土体强度。

通过前期大量试验，本书设计了多位点交联微量沉淀与吸附双重加固法，即从中筛选出以草酸和磷酸的乙醇混合溶液和以 Ba(OH)₂ 的甲醇

---

① 杨文宗:《古代壁画加固工艺》,《文博》1996 年第 1 期。

② 马清林、陈庚龄、卢燕玲等:《潮湿环境下壁画地仗加固材料研究》,《敦煌研究》2005 年第 5 期。

溶液及 TEOS 乙醇—水溶液体系作为壁画加固材料。在半干旱、半湿润环境中，在墓葬壁画的表面及内部结构实现原位多位点交联加固作用，保持了壁画土壤团粒结构，符合壁画文物保护"保持原貌""最小介入"等原则。

二 加固剂的制备及工艺

（一）加固试剂制备

经过实验室前期实验，选择如下的配置方法及比例为最优化。

取 2g 草酸和 2ml 磷酸溶解于 1000ml 的乙醇中进行搅拌，使其完全溶解，形成无色澄清溶液作为 1 号加固剂。

取经球磨机研磨 24 小时研制的 100—200nm 的 2g 氢氧化钡（图 4-1）溶解于 1000ml 甲醇溶液中，加热至 120℃ 恒温回流待溶液为澄清色全部溶解后，室温冷却制得无色澄清溶液作为 2 号加固剂。

图 4-1 球磨后的 Ba（OH）₂ SEM 图

溶解 50mlTEOS 于 1000ml 乙醇进行搅拌，使其完全溶解，形成无色澄清溶液作为 3 号加固剂（图 4-2）。

（二）加固操作方法及实施工艺

步骤 1：采用 1 号加固剂逐渐滴渗（0.5ml/cm²）壁画表面，密闭干

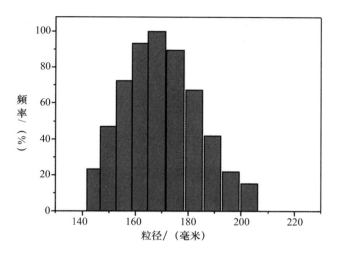

图 4 - 2　Ba（OH）₂粒径分布

燥 2 天；

　　步骤 2：采用 2 号加固剂逐渐滴渗（0.5ml/cm²）壁画表面，密闭干燥 2 天；

　　重复 4 遍步骤 1、步骤 2。

　　步骤 3：采用 3 号加固剂逐渐滴渗（0.2ml/cm²）壁画表面，密闭干燥 2 天。

第三节　几种加固剂保护性能对比评价

一　实验部分

（一）加固剂配置

　　针对壁画保护中加固保护效果较好的几种保护试剂及其适宜的溶剂（表 4 - 1），根据文献调研及实验室前期对常用壁画加固保护试剂的浓度筛选，选择 AC - 33（质量浓度 3%）、B - 72（质量浓度 3%）、有机硅树脂（质量浓度 3%）、Remmers300（质量浓度 5%）、水性聚氨酯（质量浓度 3%）、TEOS（体积浓度 5%）、TB 试剂（$H_3PO_4 - Ba(OH)_2 -$ TEOS）体系加固剂（配比及使用方法见本章第二节"二　加固剂的制备及工艺"）等作为本次实验的几种对比加固保护试剂，对不同试剂加固后的壁画模拟样块进行加固效果评测分析。

表4-1   加固剂及适宜溶剂

加固剂	溶剂	溶液外观颜色
AC-33	水	乳白色微稠液体
B-72	丙酮	无色透明
有机硅树脂	丙酮	无色透明
Remmers300	乙醇	无色透明
水性聚氨酯	水	乳白色
正硅酸乙酯	乙醇	无色透明
TB	乙醇、甲醇	无色透明

（二）模拟样块制作过程

壁画模拟样的制备（图4-3）：选取青砖切割为5cm×5cm×2cm的小样块，浸泡在盛放有蒸馏水的培养皿中；将选取好的麦草和过筛80目的土样掺入蒸馏水后，进行搅拌、混合，制成草拌泥涂抹于砖块表面

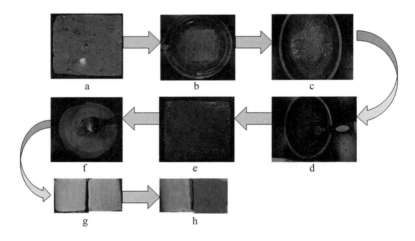

图4-3 壁画模拟样块制作过程

（a. 切取砖样；b. 浸泡砖样；c. 筛选土样、切割麦草；d. 制作草拌泥；
e. 涂抹草泥层；f. 浸泡石灰；g. 涂抹石灰层；h. 涂抹颜料层）

（厚度约为 1cm）；将 100g 化学纯氢氧化钙溶于 50ml 蒸馏水中；将制成的石灰水涂抹于壁画模拟样表面；将调有 3% 桃胶的矿物颜料（朱砂、石青）涂抹于模拟样表面，待干后即制成壁画模拟样块。

（三）测试方法

壁画加固效果评价是壁画加固科学研究的关键环节之一[1]，国内外有关研究资料表明，目前仍没有较为统一的壁画加固效果系统评价方法，本部分将壁画颜料层加固及其耐老化效果评价测试方法进行简要介绍，针对测试样品测试结果进行对比分析。

1. 不同加固剂加固颜料层表面色差的表征

颜料是壁画艺术价值的重要表现[2]，而色差直接影响着经加固剂保护后的壁画颜料层表面能否保持原貌的核心要素[3]，是加固保护材料能否被应用的重要依据之一。采用 CIE L^* a^* b^* 色坐标体系，根据加固前后亮度的变化 ΔL^*、红绿的色品差 Δa^*、黄蓝的色品差 Δb^*，导出色差值 ΔE 来表征颜色变化状况。在模拟壁画样品表面选择 3 个测试点，每个点测三次，加固后在同点原位测量。色差值计算公式：$\Delta E = [(\Delta L)^2 + (\Delta a)^2 + (\Delta b)^2]^{1/2}$。

色差的大小由 ΔE 值来表示。按照 ΔE 值的划分将 ΔE 分为 6 个等级（表 4 – 2）。

表 4 – 2　　　　　　　　　颜色 $\triangle E$ 容差评判标准

等级	$\triangle E$ 容差	不同等级色差表现
1	0.0 ~ 2.0DE	很小；理想匹配，保存完好
2	2.0 ~ 4.0DE	较小；可接受的匹配，保存很好
3	4.0 ~ 6.0DE	微小到中等；在一些应用中可接受，保存较好
4	6.0 ~ 8.0DE	中等；可接受的匹配，保存不好，颜料层不均匀

---

[1]　赵林毅、李黎、樊再轩等：《古代墓室壁画地仗加固材料的室内研究》，《敦煌研究》2016 年第 2 期。

[2]　王旭东：《基于中国文物古迹保护准则的壁画保护方法论探索与实践》，《敦煌研究》2011 年第 6 期。

[3]　马琳燕：《〈中国文物古迹保护准则〉在壁画保护中的应用》，《长安大学学报》（社会科学版）2015 年第 4 期。

等级	△E 容差	不同等级色差表现
5	8.0~10.0DE	有差距；勉强接受的匹配，保存较差，但并非完全变色
6	>10.0DE	非常大；不可接受的匹配，颜料出现老化，变色

2. 不同加固剂加固壁画样块的增重表征

化学加固过程中不可避免增加壁画本体质量，而质量若增重过高、不均匀等，易造成壁画质量分布不均，超出负载后将导致壁画表面脱落等病害，特别是在结晶盐反复析出时，病害程度加剧。依据"最小介入"等原则，加固过程带来的增重应尽量减小。

选取初始质量相差不大的实验样块进行对比测试，分别称量加固前后样块质量，计算其增重比率，即 $\omega\% = (m_2 - m_1)/m_1$，其中 m_2 为加固后试块的质量，m_1 为加固前试块的质量。

3. 不同加固剂加固壁画样块透气性表征

透气性是壁画内部结构与外界大气环境能否通畅地进行物质与能量交换的侧面反映。加固后，若透气性明显改变，则壁画内部与外部环境交换水分的媒介遭到破坏，盐析发生时，起甲、脱落等病害程度将加重。

将壁画模拟样块放置在盛有 50ml 蒸馏水的烧杯之上，烧杯口部与样块的缝隙处用聚四氟乙烯胶带密封好。将烧杯与样块整体放置在天秤上进行称量，称量总质量为 M_1 = 样块质量 m_1 + 盛水烧杯质量 m_2。每经过一段时间 t（1 周）称量一次剩余质量 M_2（g）。将累积失水量（Mass loss）与时间作图。比较各种加固试剂后实验样块的透气性。计算失重平均值，即计算透气性系数 $K = (M_2 - M_1)/t$，计算平均透气性系数。

4. 不同加固剂加固壁画样块渗透性表征

加固剂在使用过程中，须具备良好的渗透性，如果渗透性较差，则表面极易形成与本体物理性能差异较大的层次，特别是在表面成膜的加固剂，在盐析结晶的作用下，导致表面形成硬壳，甚至脱落等现象，加重盐析病害的作用。因此，加固剂的渗透性是制约保护剂性能的关键因素，亦是评价加固剂重要的性能指标。将不同加固剂滴入试样表面，在样品侧面分不同时间段进行深度测量。

5. 不同加固剂加固壁画样块表面附着力表征

附着力反映保护材料在基体表面的附着性，以此反映保护材料对壁画颜料的固着力。参照 ASTM D4541、ISO4624 标准。采用德国 PosiTest Pull-off Adhesion Testers 拉拔测试仪（压力范围为 0—3MPa，底座尺寸 20mm，拉速 0.1MPa/S），将锭子用胶黏结在测定样块的表面，测定表面附着力大小，为尽量避免试验误差，平行测试四组，取平均附着力。

6. 不同加固剂加固土体的透气性表征

将不同加固剂加固后的 100g 标准重塑土样参照②中对壁画样块的测试方法。

7. 不同加固剂加固土体抗压力学性能表征

增加壁画各结构层强度是壁画加固剂需要解决的重要指标，壁画地仗层、支撑体中土壤颗粒主要是在分子间作用、电位吸引等微弱的作用力下连接在一起的，极易受外界各种因素干扰，因此增强壁画各层强度是评价壁画加固剂性能的重要评价指标。

取不同加固剂处理后的 100g 重塑土样，采用 QT - 1136PC 型万能材料实验机对不同加固剂加固后的试样进行抗压性能测试。

8. 不同加固剂加固土体耐水崩解性表征

取不同加固剂处理后的 100g 重塑土样，放入盛有去离子水的烧杯中，观察并记录实验现象。

9. 不同加固剂加固土体的物相表征

试样在进行加固剂的处理后，需要遵守最小介入原则不能过多地改变土体的性质，对不同加固剂加固后的试样按照第三章第二节"一　实验方法"中制样方法进行 XRD 物相分析。

二　加固剂对颜料层的加固性能对比

（一）加固剂对颜料层色差对比

采用 X-RiteVS -450 分光光度计分别测定朱砂和石绿两种颜色彩绘的模拟壁画样品在加固前后的色差变化。实验结果见表 4 - 3。

表4-3　　　　　朱砂颜料层不同加固剂加固后色差分析情况

加固剂	ΔL^*	Δa^*	Δb^*	ΔE	评价
AC-33	1.91	0.47	0.63	2.07	2级
B-72	0.98	-1.76	-3.14	3.73	3级
有机硅	-3.23	-2.41	1.73	4.39	4级
Remmers300	-2.37	-1.73	-1.92	3.51	3级
聚氨酯	-2.02	1.64	1.71	3.11	3级
TEOS	-2.05	-0.89	-1.09	2.49	2级
TB	-1.89	-0.64	-0.85	2.17	2级

表4-4　　　　　石绿颜料层不同加固剂加固后色差分析情况

加固剂	ΔL^*	Δa^*	Δb^*	ΔE	评价
AC-33	1.66	0.91	1.12	2.20	2级
B-72	2.42	-1.53	-2.52	3.81	3级
有机硅	-2.25	-1.35	1.83	3.20	3级
Remmers300	-2.65	-1.44	1.42	3.33	4级
聚氨酯	-3.05	-1.95	1.62	3.97	3级
TEOS	-2.15	-1.31	-1.02	2.72	2级
TB	-2.08	-1.19	-0.83	2.54	2级

由测试结果（表4-3、表4-4）数据可知，对比不同加固剂加固后的朱砂、石青两种颜色壁画模拟样块的色差变化。有机硅、B-72加固后的壁画样块色差相对较大，而AC-33、TB试剂加固后对两种颜色色差影响较小。

（二）加固剂对壁画的增重作用对比

由表4-5及图4-4中数据可知，经过有机硅加固后的试样增重较大，而TB试剂的质量增加较小，增重为初始质量的3%左右。在壁画加固中，应尽可能地减小材料对本体的影响，因此选择增重变化相对较小的试剂符合文物保护最小介入原则。鉴于壁画保护的核心原则之一是尽可能减少外界材料对文物本体的干预与影响，以遵循文物保护的"最小介入"原则，选择如TB试剂这样增重变化相对较小的加固试剂，显然更为符合文物保护的科学理念与实践要求。这样的选择不仅有助于维持壁画的原始风貌与结构稳定性，还能在有效加固的同时，将对文物本体造成的潜在影响降至最低。

表 4 – 5　　　　　　　　　各试样加固前后重量变化

试验样品	M_1（g）	M_2（g）	$\triangle m$（g）	$\omega\%$
AC – 33	118.415	123.335	4.92	4.15
B – 72	118.155	123.135	4.98	4.21
有机硅	118.185	124.605	6.42	5.43
Remmers300rs300	118.43	123.745	5.315	4.49
聚氨酯	118.595	123.64	5.045	4.25
TEOS	118.67	123.36	4.69	3.95
TB	118.41	122.265	3.855	3.26

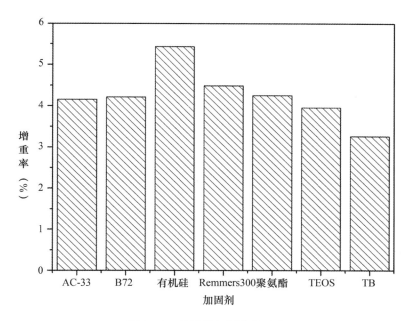

图 4 – 4　各试样加固变化示意

（三）加固剂对壁画透气性对比

透气性实验共进行 8 周，统计数据如表 4 – 6 所示。

表4-6   各加固剂透气性测试数据（g）

时间/周	质量/（g）							
	空白试样	AC-33	B-72	有机硅	Remmers 300	聚氨酯	TEOS	TB
0	247.62	256.76	256.23	259.75	256.9	256.23	255.76	255.35
1	246.28	256.03	255.81	259.30	256.22	255.72	254.95	254.41
2	244.83	255.22	255.42	258.79	255.57	255.24	254.11	253.18
3	243.31	254.47	254.99	258.26	254.86	254.63	253.23	252.04
4	241.68	253.62	254.48	257.70	254.14	254.01	252.45	250.83
5	240.03	252.79	254.01	257.18	253.46	253.36	251.62	249.52
6	238.45	251.96	253.57	256.60	252.77	252.68	250.67	248.24
7	236.83	251.17	253.16	256.01	252.01	251.97	249.81	246.93
8	235.15	250.34	252.68	255.39	251.20	251.23	248.88	245.55

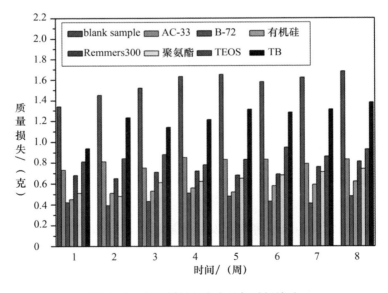

图4-5   各试样累积失水量与时间关系

由图4-5中所示各加固剂加固后结果表明，经B-72、AC-33、聚氨酯等加固后的样块表面透气性较差，主要由于这三种加固剂成膜性较好，在样块表面极易形成疏水层。经TB试剂加固后的壁画模拟样块透气性与空白试样最为接近，因自主研发的试剂并未在壁画表面成膜，而尽可能地保持了土壤的原有孔径，且随着时间的推移，有增大的趋势，有利于壁画结构层与外界大气环境的水汽交换，也符合文物保护最小干预原则等。

（四）加固剂对壁画渗透性对比

通过不同加固剂随时间的渗透深度变化（图 4 - 6），TEOS、TB 试剂加固后渗透性较好。而 B - 72、聚氨酯、有机硅加固剂未能完全渗透样块。良好的渗透性有助于试剂充分渗入壁画内部结构中，有效提高各层之间的力学性能。

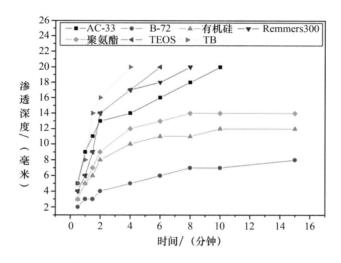

图 4 - 6　不同加固剂渗透深度随时间关系

加固剂通常以传递的溶剂挥发后溶质固化法、加固剂之间的化学反应或加固剂与矿物的化学反应法等方式发挥其作用。不同的加固方法其渗透性也不尽相同（图 4 - 7），溶剂挥发法随着其挥发过程，加固剂倾向于流回到表面，这也是毛细现象的结果。溶剂挥发亦会引起脆弱文物的形成脱皮现象。

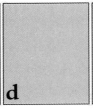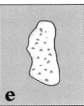

图4-7 几种加固处理后的表层固化物形成示意①

（a. 仅加固表面；b. 形成硬壳；c. 未得到充分渗透；d. 充分渗透；e. 内芯未得到充分固化）

通过对不同加固剂加固后的样块进行表面固化物及剖面的渗透观察，可得到如下的固化物评估（表4-7）。

表4-7　　　　　　加固剂加固效果表层固化物评估

加固剂	渗透表层固化物评估
AC-33	未得到充分渗透
B-72	仅加固表面
有机硅树脂	未得到充分渗透
Remmers300	未得到充分渗透
聚氨酯树脂	仅加固表面
TEOS	充分渗透
TB	充分渗透

（五）加固剂对壁画附着力对比

对比经过加固剂加固前后附着强度变化，测试结果如下（表4-8、图4-8）。

表4-8　　　　　　不同加固剂加固后附着强度测试数据

试验样品	空白试样	AC-33	B-72	有机硅	Remmer300	聚氨酯	TEOS	TB
附着强度/MPa	0.25	0.62	0.54	0.48	0.52	0.56	0.41	0.44

① Zhimin Li, Lele Wang, "A scientific study of the pigments in the wall paintings at jokhang monastery in lhasa, Tibet, China", *Heritage Science*, Vol. 21, No. 2, June 2014, p. 21.

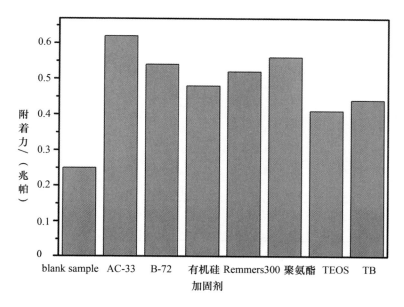

图 4 - 8 不同加固剂加固后附着力柱状图

图 4 - 8 中数据显示，对比空白试样，经加固后试样表面颜料层的附着强度均有不同程度的提高，AC - 33、B - 72、聚氨酯等有机加固剂加固后附着强度增加较为明显。而经 TEOS、TB 试剂加固后的附着强度适中，约为未加固试样的 1.6—1.7 倍。

三 加固剂对壁画土体的加固性能对比

墓葬壁画应具备兼容性，从壁画颜料层渗入后，对壁画地仗层等土体也应具备一定的加固性能，且对各层加固后应具有一致的强度变化趋势。加固后土体应无色、无炫光，材料固化后不改变土体原貌，具备适宜的加固强度，较好的透气性、良好的耐水性等。为减小实验的误差，实验测试选取 100g 标准重塑土样进行各性能表征。

（一）加固剂对土体增重的影响对比

见表 4 - 9、图 4 - 9。

表4-9 各试样加固前后重量变化

试验样品	M_1(g)	M_2(g)	$\triangle m$(g)	$\omega\%$
AC-33	99.31	102.83	3.52	3.54
B-72	99.17	102.92	3.75	3.78
有机硅	98.92	103.73	4.81	4.86
Remmers300	99.04	102.83	3.79	3.83
聚氨酯	99.13	102.32	3.19	3.22
TEOS	98.98	102.73	3.75	3.79
TB	99.15	102.02	2.87	2.89

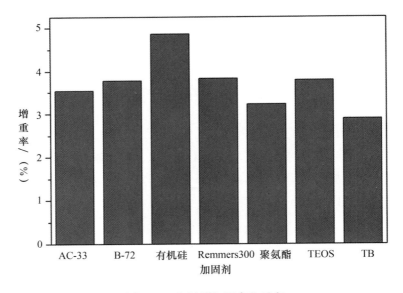

图4-9 各试样加固变化示意

(二)加固剂对土体透气性的影响对比

在盐析结晶析出时,若不透气,则极易造成应力对土体的破坏,继而造成壁画起甲、酥碱等病害产生,因此加固剂应具备良好的透气性。

透气性实验共进行8周,统计数据如表4-10、图4-10所示。

表 4 - 10　　　　　　　　　　各加固剂透气性测试数据（g）

时间/周	质量/（g）							
	空白试样	AC - 33	B - 72	有机硅	Remmers 300	聚氨酯	TEOS	TB
0	319.13	330.03	331.11	334.54	331.22	328.82	331.23	328.21
1	318.19	329.41	330.76	334.21	330.6	328.39	330.62	327.36
2	317.04	328.76	330.39	333.86	329.87	327.94	329.87	326.38
3	315.92	328.18	329.97	333.43	329.23	327.38	329.03	325.33
4	314.88	327.46	329.5	332.96	328.48	326.77	328.18	324.2
5	313.59	326.83	329.02	332.48	327.71	326.13	327.3	322.98
6	312.27	326.16	328.5	332.04	326.89	325.37	326.39	321.8
7	311.44	325.43	327.97	331.61	326.03	324.65	325.56	320.67
8	310.03	324.68	327.36	331.2	325.32	323.88	324.63	319.49

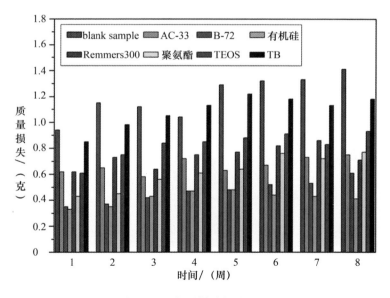

图 4 - 10　各试样透气性示意

（三）加固剂对土体抗压力学性能对比

见表 4 - 11。

表 4 – 11   不同加固剂加固后无侧限抗压强度

试验样品	试样面积（cm²）	最大压力（N）	最大压强（MPa）
空白试样	28.27	4472.38	1.58
AC – 33	28.27	5173.12	1.83
B – 72	28.27	4901.72	1.73
有机硅	28.27	8998.04	3.18
Remmers300	28.27	9409.38	3.33
聚氨酯	28.27	5231.01	1.85
TEOS	28.27	7852.65	2.78
TB	28.27	7934.41	2.81

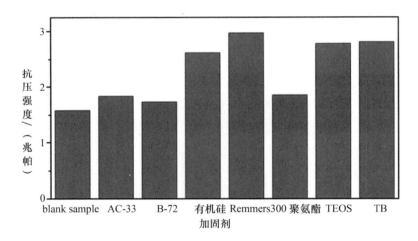

图 4 – 11　不同加固剂加固后试样无侧限抗压强度

图 4 – 11 中显示，经过几种加固剂加固后的土壤样块强度差异较大，其中经 Remmers300、有机硅加固剂加固后的试样强度较高，均超过未加固土样强度的 2 倍；而经 B – 72 加固后的土壤样块强度较弱。壁画和土遗址保护中要求加固剂加固后土壤颗粒的强度不宜过大，在环境温湿度变化较大时，加固层与土壤本体膨胀系数差异较大易造成崩塌等危害。而强度较小时，则不能起到保护加固的作用。而经 CB、TEOS、TB 试剂等加固后的土壤样块强度适中，适宜于壁画加固。

（四）加固剂对壁画土体耐水崩解性对比

壁画中土体在静水作用下发生崩散解体的现象称为崩解。一般崩解形式存在散粒状、鳞片状、碎块状或崩裂状等。土体的崩解性受矿物成分、粒度成分及交换阳离子成分、含水量等影响。为尽可能地减少实验误差，本次实验采用均质土壤压制的标准实验土饼进行崩解性实验。评价土体崩解性的指标一般有崩解时间、崩解特征和崩解速度。通过不同加固剂加固后的实验土饼崩解二十四小时后的效果观察（表4 - 12）。

表4 - 12　　　　　　　不同加固剂加固后试样耐水性崩解指标

试样样品	崩解特征	崩解速度
空白试样	入水即开始冒泡、脱落，10min 后崩解，随即坍塌	较快
AC - 33	入水即出现冒泡现象，24h 后出现部分崩解	较快
B - 72	入水即出现少量冒泡现象，24h 后出现部分崩解	较快
有机硅	入水即出现少量冒泡现象，24h 后边部出现裂缝	较慢
Remmers300	具有一定的疏水性，入水出现少量气泡，24h 后试样基本保持完整	缓慢
聚氨酯	入水即出现少量冒泡现象，24h 后边部出现裂缝	较快
TEOS	入水出现少量冒泡，24h 后无掉渣、无裂缝、无脱落	缓慢
TB	入水出现少量冒泡，24h 后无掉渣、无裂缝、无脱落	缓慢

（五）加固剂对壁画土体物相影响对比

试样在进行加固剂的处理后，力学性能发生了比较明显的变化，但在实现土遗址物理性能优化的过程中，需要遵守最小介入原则不能过多地改变土体的性质，土遗址的特点就是由土壤营造，这就要求无论进行怎样的保护，都不能过多改变土遗址的物质构成，在对加固材料进行评价的时候，对土壤物质的改变也应该成为一项重要的指标，现在对实验所选的加固剂加固后的试样按照第三章的制样方法进行 XRD 物相分析，结果如图4 - 12 所示。

由 XRD 分析谱图（图4 - 12）显示，几种加固剂加固后的土壤的物相组成未出现明显的变化，各试样的组分含量稍有差异，非晶相峰也略有增加，但从整体上来看各试样在加固后物质组成改变不大，基本符合文物保护的原则。

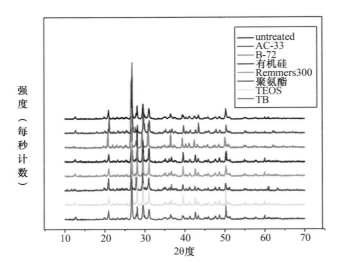

图4-12 不同加固剂加固后试样XRD物相分析

第四节 H₃PO₄-Ba（OH）₂-TEOS体系 加固剂加固壁画样块耐盐性评价

壁画墓葬盐析病害与保存环境密切相关，是墓室微环境因素的长期作用下发生的，温度波动、干湿周期的不断变化是其根本原因。

通过第三章对于墓葬盐析病害调研及墓葬壁画的水—热—盐特征分析，影响壁画遗址水盐运移的主要因素为环境温度、湿度变化、可溶盐成分等多种因素导致病害产生。通过对比盐析后壁画样块的表面形貌及在干湿交替循环、冷热交替循环下表面的附着力，评估加固剂在盐析影响下对壁画的耐盐性。

一 可溶盐浸泡后表面形貌观察

选取朱砂色模拟样块，经 TB 试剂加固后，将未加固及已加固的实验样块于室温环境下在 5% Na₂SO₄ 和 5% NaCl 盐溶液中进行半浸泡实验，浸泡为 14d，以此考察耐盐腐蚀性能，耐盐性实验结束后，进行外观考察，附着力对比测试及样块内部结构测试等。

（一）实验后外观

实验发现，1 周后样品表面出现盐结晶，2 周后取出观察（图 4 - 13、图 4 - 14），未经加固的样块表面由于盐结晶破坏了表面结构，颜料层及地仗层部分盐结晶顶起，出现碎裂、粉化等现象。而经加固后的样块表面也出现了部分结晶，但表面颜料层、地仗层结构保持完整，未出现粉化等现象。

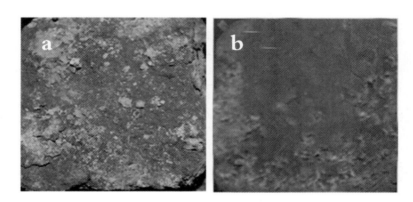

图 4 - 13　5％Na_2SO_4盐溶液半浸泡实验后样品照片

（a. 未加固；b. 已加固）

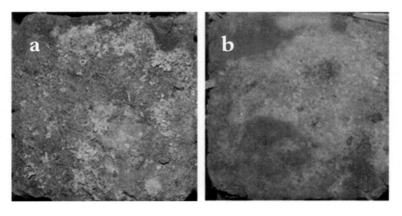

图 4 - 14　5％$NaCl$盐溶液半浸泡实验后样品照片

（a. 未加固；b. 已加固）

（二）试样表面微观形貌观察

扫描电镜观察（低真空2000倍）显示（图4-15、图4-16），未加固的模拟壁画颜料层表面形貌被严重破坏，部分颜料层表面颗粒被盐析结晶顶起、粉化。且表面存在较多的盐析结晶颗粒。而加固后的模拟壁画颜料层表面较为平整，存在部分盐析结晶物。

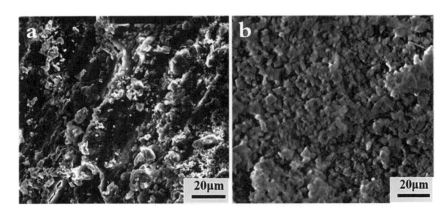

图4-15　5%Na₂SO₄盐溶液半浸泡实验后SEM

（a. 未加固；b. 已加固）

图4-16　5%NaCl盐溶液半浸泡实验后照片

（a. 未加固；b. 已加固）

（三）试样表面 3D 形貌观察

对比样在超景深显微镜 3D 形貌观察下，结果如图 4 – 17、图 4 – 18 所示。通过对比不难看出，未经加固处理的样块在经 5.0% Na$_2$SO$_4$、5.0% NaCl 浸泡盐析后表面形貌不平整，析出盐结晶后，高差起伏较为明显。

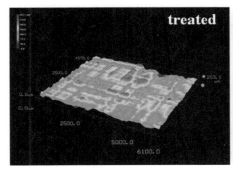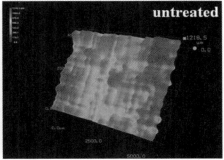

图 4 – 17　5% Na$_2$SO$_4$ 盐溶液半浸泡实验后表面 3D 形貌对比

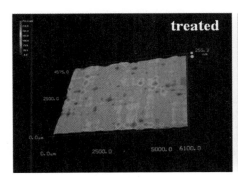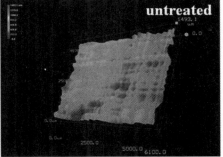

图 4 – 18　5% 氯化钠浸泡后模拟样块表面 3D 形貌对比

二　干湿交替循环

通过对墓葬壁画墓室环境的监测，空气中相对湿度变化呈现昼夜变化波动，夜晚墓室内吸湿流量 Q_x 将大于放湿流量 Q_f，进入吸湿状态，易出现“夜潮”现象；白天墓室内相对湿度较小时，吸湿流量 Q_x 将小于放湿流量 Q_f，处于放湿状态。反复的干湿循环对墓葬壁画表面颜料层、地仗层中含水量有所影响，湿度的影响造成表面附着力降低。加固试样与未加固试样在干湿循环下进行对比测试，可评估加固保护材料在干湿循环下的耐老化性。

（一）实验仪器及实验条件

表 4 - 13   实验仪器

仪器名称	型号	生产厂家
湿热试验箱	SDJ6025 型	重庆银河试验仪器有限公司

采用 SDJ6025 型湿热老化机进行干湿循环实验（表 4 - 13），为了排除温度的波动干扰因素，将温度设置恒定在 25℃（室温）。而依据目前国内外研究所的相对湿度数据及变化趋势，将干湿循环范围设定在 30%—90% 之间，干湿循环周期定为 24h（12h 湿度为 30%，12h 湿度为 90%），循环 2 周（336h）。干湿循环的湿度控制可见图 4 - 19。干湿循环后，对实验样块进行附着力测试。

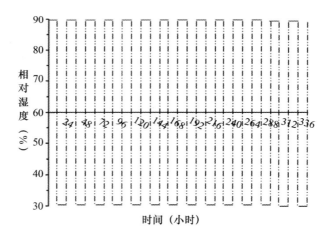

图 4 - 19　干湿交替循环湿度控制

（二）加固后干湿循环后附着力变化

使用德国 PosiTest Pull-off Adhesion Testers 对壁画模拟样块进行附着力测试，结果如图 4 - 20 所示。

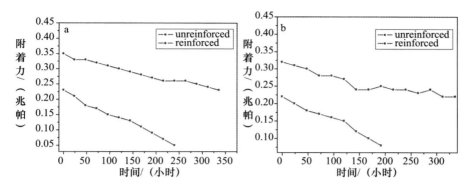

图 4 - 20　加固前后模拟样附着力变化趋势

（a. 硫酸钠浸泡后试样；b. 氯化钠浸泡后试样）

通过对比经 H$_3$PO$_4$ - Ba（OH）$_2$ - TEOS 体系加固剂加固后的样块与未加固样块在干湿循环老化后的表面附着力，可看出加固后附着力有所提高，且经过干湿循环后（336h），未加固的样块表面附着力明显下降，在 150h 后下降趋势更为明显。而加固后的样块，表面附着力下降不甚明显，表明加固后，样块具备一定的耐干湿老化的性能。在墓室环境中反复的干湿交替变化下，加固后的壁画可以保持较好的附着力，具备一定的抵御干湿环境变化的能力。

三　冷热交替循环

通过对墓葬壁画墓室环境的监测，温度变化日变化、年变化均呈现正弦变化趋势。具体表现为在冬季尤为严峻，当外界气温骤降至零度以下时，壁画土体内部的微小孔隙开始蓄积并冻结水分，这些冰晶的形成伴随着体积的急剧膨胀，对周围孔隙结构施加巨大压力，最终导致孔隙破裂，壁画表面因此出现细微乃至明显的裂缝。而随着春季的来临，气温回暖，冻结的冰逐渐融化回液态水，如此周而复始的冷热交替循环，不断加剧着对墓葬壁画结构的侵蚀，成为壁画保护工作中不可忽视的因素。

（一）实验仪器及实验条件

表 4 – 14 实验仪器

仪器名称	型号	生产厂家
冻融老化箱	PT – 2033C 型	广东宝大仪器有限公司

冷热循环周期定为 12h。采用 PT – 2033C 型冻融老化机进行冷热循环老化实验（表 4 – 14），将温度循环范围设定在 – 20℃ — 40℃ 之间，冷热循环周期定为 24h（12h 湿度为 – 20℃，12h 湿度为 40℃）冷热循环的温度控制可见图 4 – 21。冷热循环后，对实验样块进行附着力测试。

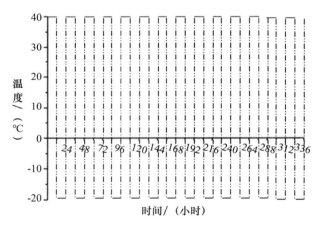

图 4 – 21 冷热交替循环温度控制

（二）加固后冷热循环后附着力变化

通过对比经 H_3PO_4 – $Ba(OH)_2$ – TEOS 体系加固剂加固后与未加固样块在冷热循环老化后的表面附着力，由图 4 – 22 可看出加固后附着力有所提高，且经冷热循环后（336h），未加固的样块表面附着力明显下降，且经硫酸钠和氯化钠浸泡后的样块均出现明显下降。而加固后样块，表面附着力下降不甚明显，表明加固后，样块具备一定的耐冷热老化的性能。在墓室环境中反复的冷热交替变化下，加固后的壁画可以保持较好的附着力，具备一定的抵御冷热温度环境变化的能力。

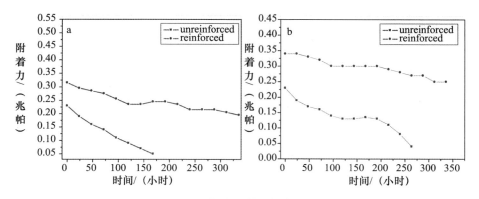

图4 - 22　加固前后模拟样附着力变化趋势

（a. 硫酸钠浸泡后试样；b. 氯化钠浸泡后试样）

第五节　现场加固效果及对壁画的影响评价

一　加固保护效果对比

选择 H_3PO_4 - Ba（OH）$_2$ - TEOS 体系加固剂在陕西师范大学长安校区模拟壁画墓洞中不同高度、不同颜色壁画表面，采用相结合的滴渗工艺进行壁画加固，以期达到一定的加固效果。加固处理前先用白色细线圈定加固区域，渗透加固剂后用保鲜膜对壁画表面进行覆盖，使溶剂缓慢挥发，促进加固剂充分渗透。

通过以上几组加固前后的对比照片（图 4 - 23、图 4 - 24、图 4 - 25），经过 H_3PO_4 - Ba（OH）$_2$ - TEOS 体系多点交联加固后的壁画区域，壁画颜色色彩未发生明显改变，表面没有眩光产生。

图4 - 23　模拟墓室西壁壁画加固效果对比

（a. 加固前；b. 覆盖渗透；c. 加固后）

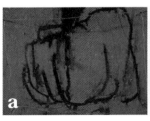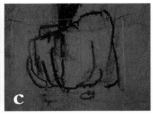

图 4 - 24　模拟墓室西壁壁画加固效果对比

（a. 加固前；b. 覆盖渗透；c. 加固后）

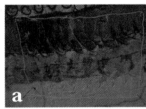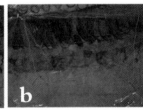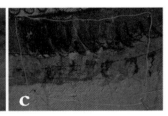

图 4 - 25　模拟墓室西壁壁画加固效果对比

（a. 加固前；b. 覆盖渗透；c. 加固后）

二　加固保护对壁画的影响评价

壁画加固区域经为时一年的自然老化后进行性能测试，以此来评估材料在自然环境中的加固效果。

（一）实验方法

1. 加固对壁画渗透深度的影响

由于加固试剂的配制过程可以得知，其主要的组成物质为草酸、磷酸、氢氧化钡和正硅酸乙酯，而 C、P、Si 等元素由于土壤中也普遍存在，不能作为指示元素，而 Ba 元素在土壤中含量较低，作为渗透深度指示元素较为合适。

测试方法如下：（1）准确称取 0.9 ~ 1.0g（精确至 0.0002g）土样（记录为 m_1）于 50mL 聚四氟乙烯坩埚，用去离子水润湿；（2）加入 10mL 盐酸，于通风橱内的电热板上低温加热（20℃）约 10min，当蒸发至 2 ~ 3mL 时，取下稍冷 10min；（3）依次加入硝酸 10mL、10mL 氢氟酸、4mL 高氯酸，加盖后于电热板上中温（50℃）加热 40 ~ 60min，然后开盖，继续加热 10 ~ 30min；（4）再加入 5mL 硝酸、5mL 氢氟酸、2mL

高氯酸，重复上述消解过程，白烟基本冒尽且内容物呈黏稠状时，取下稍冷，得白色固体物质；（5）用水冲洗坩埚盖和内壁并加入 5mL 硝酸溶液（1 + 5）温热溶解残渣；（6）然后将溶液转移至 100mL 容量瓶中，定容，摇匀备用；（7）在分析天平上准确称量干燥离心管（记录为 m_2），准确移取 10.00mL 试液于 15mL 离心管中；（8）加入 5mL 浓硫酸，振荡 3min，在离心机上离心 5min，转速 2000r/min；（9）弃去上层溶液，加蒸馏水 3mL 洗涤沉淀（离心机上离心）；（10）干燥沉淀（加热或自然干燥），称量（记录为 m_3），数据记录及处理。

$$\omega = \frac{(m_3 - m_2) \times M_{Ba}}{m_1 \times M_{BaSO_4}} \times 10^5$$

注：ω 为钡离子的浓度，单位为 mg/Kg。

2. 加固对壁画土壤团粒耐水性的影响

由于壁画盐害多是由于水盐运移而产生，在墓葬壁画保护研究工作中要充分考虑到加固后壁画土体的耐水性行为，壁画土体的耐水性也是对加固剂应用效果的评价指标之一。使用滴管对未加固与已加固原状土样滴加蒸馏水，在 Quanta – 200 型扫描电镜下观察土体表面形貌。

3. 加固处理后对壁画微孔孔径分布的影响

孔径分布对土样的稳定性、盐分迁移等具有一定的相关性。通过压汞仪对采集的壁画处理前后土样进行微孔测试。

4. 加固剂处理后对土体官能团的影响

通过衰减全表面反射红外光谱（ATR）对壁画处理前后土样进行测试。

5. 加固剂处理前后对土体硅元素结合形态的影响

多功能成像光电子能谱仪（XPS）用于测量样品表面元素存在状态，探测深度小于 10nm，通过在模拟壁画墓内未加固与已加固壁画土体样块，将待测土样于 105℃烘干，研钵中研细，手摸无颗粒感，进行 XPS 测试分析，将测试后的结果通过 Casa XPS 软件等处理分析。

6. 加固处理前后颜料表观图及反射率对比

通过 X-Rite VS – 450 分光光度计对加固前后壁画颜料表观及反射率进行对比测试。

（二）结果与分析

1. 加固对壁画渗透深度的影响

表 4 – 15　　　　　　　　　钡离子浓度随取样深度变化

深度（cm）	浓度（mg/L）	
	加固后	未加固
0	163.2	11.2
2	143.1	10.7
4	62.3	10.4
6	32.4	10.2
8	18.2	9.8
10	13.8	9.6
12	11.2	9.4
14	9.3	10.1

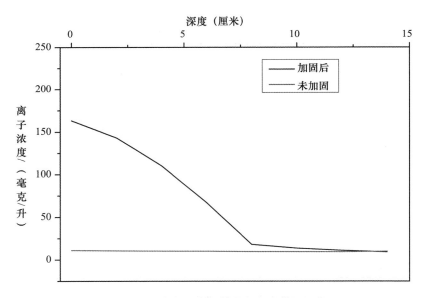

图 4 – 26　钡离子随取样深度浓度变化示意

由表 4 – 15 及图 4 – 26 中数据可知，未加固 Ba 离子浓度随深度变化不大，在加固过的位置表面的浓度最大达到了 163.2mg/L，0—4cm 深度内 Ba 离子浓度缓慢递减，可见加固剂在壁画结构中的颜料层、白灰层、地仗层中均有较好的充分渗透作用，可使得壁画各结构层具备一致的加固效果。4—8cm 范围内 Ba 离子浓度递减较为明显，壁画墙体也能得到一定程度的渗入，8cm 至更深处，加固过的区域与未加固区域 Ba 离子浓度差异甚微，从图中不难看出，Ba 离子浓度从表面至 8cm 不断减小，且存在一定的梯度，由此可知，该加固方式是一种渐进式、深度渗透的加固方式，符合文物保护原则。

2. 加固对壁画土壤团粒耐水性的影响

地下水的毛细渗透常年作用于壁画结构层本体，使得壁画结构层土体受到水的侵害现象也很严重，所以可以通过做耐水实验来衡量加固后壁画土体在水中的行为。为验证保护效果，通过分别对从模拟壁画遗址取回的空白试样及加固保护的试样进行表面滴水实验，试样表面外观经 SEM 表征如图 4 – 27 所示。对比浸水前后未加固的壁画土样颗粒可见，浸水后土样团粒显著变小；而经加固后的壁画表面土样浸水后土壤团粒保持原状，可有效抵抗水对其的破坏。

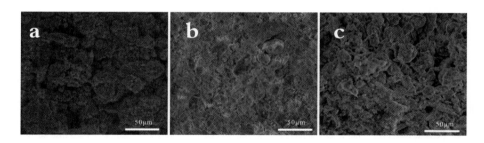

图 4 – 27　水浸泡加固前后重塑土样的 SEM 照片

（a：未加固土样浸水前；b：未加固土样浸水后；c：加固后土样浸水后）

3. 加固对壁画微孔分布的影响

孔径分布对土样的稳定性、盐分迁移等具有一定的相关性。对于土样而言，非活性孔度（＜200）、毛管孔度（200—20000nm），活性孔度、非毛管孔度（＞20000nm）。非活性孔度与土体持水能力相关，毛细孔则是参与水分运移及盐分运移的孔径区间。采用压汞法对模拟壁画墓洞中未加固与加固土样进行测试。从图 4 – 28 中可看出，未加固与加固土样整

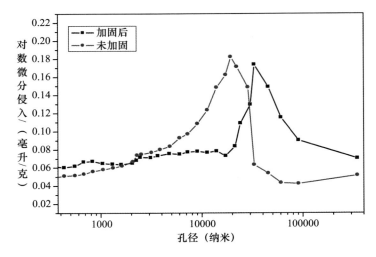

图4-28 加固前重塑土样的孔径分布

体孔径分布峰形基本一致，均呈现正态分布。而加固后的土样非毛管孔度孔径较未加固孔径有增多的趋势，而比例更高的非毛管孔度可以提高土壤的透气性和渗水性，有利于土样保持干燥。毛管孔度有减小的趋势，从而减少水盐运移的概率。

4. 加固剂处理后对土体官能团的影响

如图4-29所示，加固前后表面特征基团的红外光谱图形状基本一致，特征峰位置相同，结果表明加固剂的使用并未改变土样的特征，符合文物保护最小介入原则。加固后的土样较未加固土样，Si-O（1020—1170cm^{-1}）及Si-O-Si（875cm^{-1}）的弯曲振动峰的伸缩振动吸收峰强度有所增强，与加固剂中TEOS水解缩合产物后形成土样团粒中的胶结状态有关。

5. 加固剂处理前后对土体硅元素结合形态的影响

硅元素XPS结果如图4-30所示，图中数据显示：硅元素2P层电子结合能基本一致（未加固：102.6eV，加固后：102.7eV）。经Casa XPS软件的分峰处理后，未加固土样（a）的Si-OH中的硅元素的含量占53.6%，加固后土样（b）的Si-OH降低到39.3%（如b图所示）；而以Si-O-Si形式存在的硅元素则加固后（60.7%）较未加固（46.4%）有所提升，此结果可与红外分析相互对应。说明通过加固剂处理，壁画土体

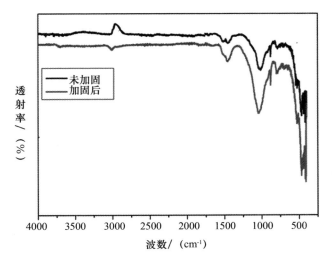

图4-29　加固前后土样的红外光谱对比

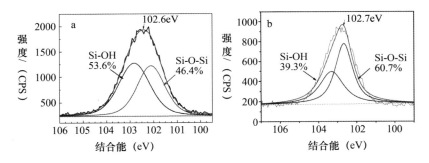

图4-30　加固前后土壤中硅元素的 XPS 图谱

（a：未加固处理；b：加固处理）

中硅醇缩合程度提高，有利于形成多点交联加固的效果。

6. 加固剂处理后对颜料表观及反射率的影响

通过对模拟墓葬壁画朱砂、石绿、石青、雌黄、铅红颜料壁画区域加固前后颜色表观及颜色反射率（图4-31、图4-32）对比均未发生较大改变。结合对比加固前后的照片，可推断经多点交联加固后的壁画表面颜色并未有较大改变，符合文物保护最小介入的原则。

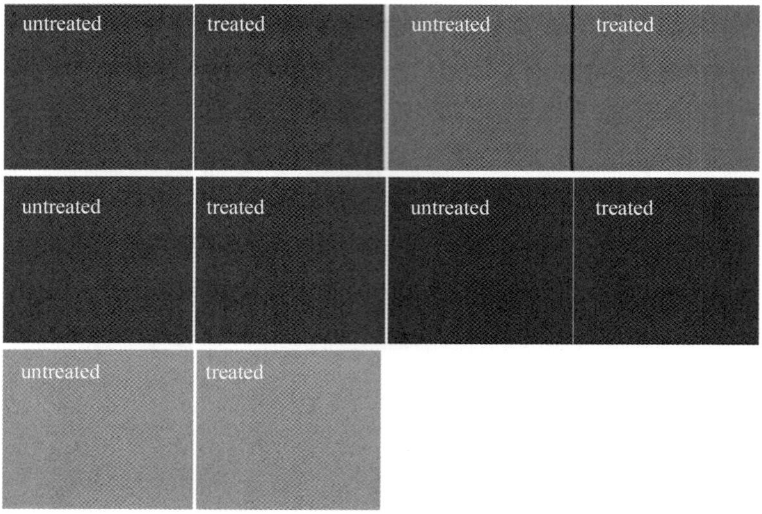

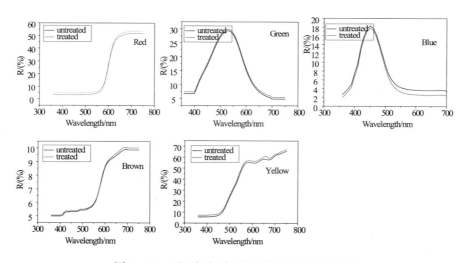

图 4 – 31　不同颜料壁画加固前后颜色表观

图 4 – 32　不同颜色壁画加固前后颜色的反射率

第六节　多位点交联加固保护材料加固机理探讨

乙醇有利于保持土壤团粒原始结构，通过其化学交联作用，将松散的土壤颗粒紧密连接，实现土壤团粒结构的固定化，从而增强了土壤的稳定性和抗侵蚀能力。[1] 与此同时，磷酸钡与碳酸钡作为微量的化学沉淀物，在壁画保护领域同样发挥着关键作用。它们能够微妙地作用于壁画的地仗层及支撑体的微观结构上，填充并加固这些细微的空隙，形成一层保护性的屏障。[2] 当壁画面临盐分溶解与析出的挑战时，这层加固层能够确保壁画的微观结构保持原貌[3]，有效抵御盐分的侵蚀，避免发生渐进式的崩解现象。这些物质之间的分子间作用，包括化学键的形成、物理吸附及静电相互作用等，共同构成了保护壁画稳定性的强大网络。[4] 其分子间作用为。

1. 磷酸—硅铝酸钡交联加固土体缝隙

地仗层、支撑体缝隙中的硅铝酸盐阳离子磷酸质子交换，表面形成质子化硅铝酸盐，磷酸根通过静电作用被吸附于壁画土体间隙中。[5] 再经过氢氧化钡作用，质子被钡离子所取代，原位形成不溶性磷酸—硅铝酸钡，填充于其缝隙界面间（图 4 - 33），其较强的化学稳定性[6]，抑制了地仗层、支撑体等结构层中土体因各种因素所引起的盐类风化现象。[7]

---

① Kejia Hu, Chongbin Bai, "A study on the painting techniques and materials of the murals in the five northern provinces' assembly hall, ziyang", *Heritage Science*, Vol. 1, No. 1, May 2013, p. 18.

② Yan Song, Feng Gao, "A technical study of the materials and manufacturing process used in the Gallery wall paintings from the Jokhang temple, Tibet", *Heritage Science*, Vol. 18, No. 6, March 2018, 6, p. 18.

③ Fengjie Li, Xudong Wang, "Moisture Adsorption Mechanism of Earthen Plaster Containing Soluble Salts in the Mogao Grottoes of China", *Studies in Conservation*, Vol. 64, No. 2, Novermber 2018, p. 160.

④ Yidong Zhang, Julin Wang, "Integrated Analysis of Pigments on Murals and Sculptures in Mogao Grottoes", *Analytical Letters*, Vol. 48, No. 15, July 2015, p. 2410.

⑤ T. S. Umesha, S. V. Dinesh, "Lime to improve the unconfined compressive strength of acid contaminated soil", *International Journal of Geology*, Vol. 7, No. 2, June 2013, p. 49.

⑥ 汪万福、马赞峰、赵林毅等：《壁画保护修复工程设计程序的理论实践与应用》，《敦煌研究》2008 年第 6 期。

⑦ 王丽琴、马珍珍、赵西晨：《关于壁画保护理念的探讨》，《江汉考古》2012 年第 2 期。

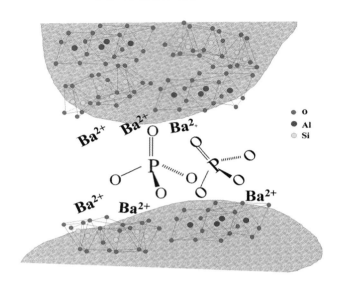

图 4 - 33　交联加固壁画土体缝隙示意

2. 正硅酸乙酯加固交联加固壁画土壤团粒缝隙

TEOS，即四乙氧基硅烷（Tetraethoxysilane），在壁画保护领域展现出独特的加固效果，其通过与空气中或壁画土体中的水分发生一系列复杂的化学反应，逐步实现了对土壤颗粒的有效加固。[①] 这一过程中，TEOS 首先遇到水分子，发生水解反应，生成乙醇和硅酸。硅酸作为中间产物，具有高度的反应活性，能够进一步与未反应的 TEOS 分子或其他硅酸分子发生聚合反应，形成长链或网状结构的硅氧聚合物（图 4 - 34）。随着反应的深入进行，这些硅氧聚合物逐渐交织、扩展，形成一层致密的保护膜覆盖在壁画土壤颗粒表面。这层保护膜不仅增强了土壤颗粒之间的结合力，还提高了土壤的整体强度和稳定性，有效抵御了外界环境因素如风化、潮湿等对壁画的侵蚀。更重要的是，TEOS 在加固过程中，其水解和聚合反应是逐步进行的，这意味着反应产物能够逐渐渗透到土壤颗粒的微小孔隙中，形成更加深入、牢固的网状交联结构。这种结构不仅强化了土壤颗粒的自身强度，还促进了土壤颗粒之间的紧密连接，使得整个壁画土层的整体性和稳定性得到了显著提升。因此，

---

① 苏伯民、李茹：《三种加固材料对壁画颜色的影响》，《敦煌研究》1996 年第 2 期。

TEOS 在壁画保护中的应用，不仅是对传统保护方法的一种创新，更是对壁画保护理念的一种深化。[①] 它不仅仅是通过增加强度或提高耐水性来简单保护壁画，而是通过与壁画土体中的水分发生复杂的化学反应，从根本上改善土壤颗粒的物理化学性质，实现了对壁画更加全面、深入和持久的保护。

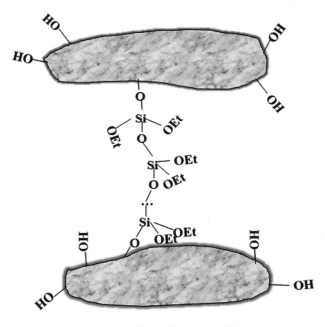

图 4 – 34　交联加固壁画土体缝隙示意

小　结

（1）在对比评估 AC – 33、B – 72、有机硅、Remmers300、聚氨酯及 TEOS 等几种常见壁画加固剂的性能时，通过研发自主研制的 H_3PO_4 – $Ba(OH)_2$ – TEOS 体系加固剂（以下简称"TB"）。通过一系列科学的表征手段，包括色差检测、重量变化分析、透气性测试、抗压强度测量、崩

---

①　和玲：《艺术品保护中的高分子化合物》，化学工业出版社 2003 年版，第 9 页。

解性评估、渗透性实验以及物相分析等，我们对这些加固剂在模拟壁画颜料层及土体上的加固效果进行了全面评测。结果显示，TB 加固剂展现出了适中的加固强度，既有效增强了壁画的结构稳定性，又避免了过度硬化导致的潜在损害；同时，其卓越的透气性保证了壁画内部环境的微生态平衡，良好的渗透性确保了加固剂能深入壁画内部发挥作用，而耐水崩解性则显著提升了壁画在潮湿环境下的耐久性。综合各项评价指标，TB 加固剂在对比中脱颖而出，展现出相对优秀的性能，完全符合文物保护领域所倡导的最小干预、不改变原貌等基本原则，充分满足了壁画文物加固保护的实际需求。

（2）为评价 H_3PO_4 – Ba（OH）$_2$ – TEOS 体系加固剂（TB 试剂）加固壁画的耐盐性特征，通过实验室模拟墓葬环境中温度、湿度、可溶盐的影响因素对未加固和已加固的实验样块进行性能测试。结果显示，经 TB 试剂加固的盐析壁画表面未出现酥碱粉化等特征，且具备一定耐干湿、冷热循环的特性，表面颜料层附着力下降趋势并不显著，因此，经加固后的壁画样块具备一定的耐盐性，能够适应墓葬环境中反复的干湿循环变化、冷热交替循环及硫酸盐、氯盐等的盐析。为后续的盐析抑制治理奠定了基础，可有效增强壁画表面颜料层及土体的强度，对后续的盐析抑制处理具备前期辅助作用。

（3）采用 H_3PO_4 – Ba（OH）$_2$ – TEOS 体系加固剂通过陕西师范大学模拟墓葬壁画进行实地加固保护，从现场加固效果对比，可看出该加固剂保护后的壁画表面未出现眩光等现象。通过对壁画表面已加固土样的性能评价分析可知，H_3PO_4 – Ba（OH）$_2$ – TEOS 体系加固剂是一种渐进式、深度渗透的加固方式，符合文物保护原则，加固后壁画表面土样通过耐水实验后的 SEM 图谱观察得出经加固后的壁画土体耐水性较好，对于土壤中的水盐运移后不会造成土体结构破坏；通过土样微观孔径分布对比，发现加固后大孔孔径有增加的趋势，小孔孔径有减小的趋势，提高土壤的透气性和渗水性，可减少水盐运移的概率；通过加固剂处理前后硅元素 XPS 测试可知，经加固后的壁画土体硅羟基在加固后明显下降，而 Si-O-Si 键显著增多。表明在土壤团粒表面硅羟基的缩合反应明显发生。带有交联特性的 Si-O-Si 键形成，必然引起土壤团粒间的交联加固；通过加固剂处理前后颜料表观图及反射率对比，朱砂、石绿、石青、雌黄、铅红颜料壁画区域加固前后颜色表观及颜色反射率均未发生较大改变。结合对比加固前后的照片，可推断经多点交联加固后的壁画表面颜色并未有较大改变，符合文物保护最小介入的原则。

第 五 章

四水八硼酸钠对壁画盐析
抑制作用研究

第一节 引言

盐析抑制剂通过延迟成核和改变本体溶液中晶体生长速率，以此达到抑制目的。当前，盐析抑制剂应用于石油、化工、水利等行业。郑若芝等[1]发明的 NTA（$C_2H_2Cl_3NO$），在特定情况对 NaCl、Na_2SO_4、$MgCl_2$ 等可溶盐有显著的抑制作用。美国盖蒂保护研究机构采用低浓度（0.1—1.0%）$K_4Fe(CN)_6$ 处理盐析岩石，对 NaCl 有较好的抑制作用，而仅对低浓度 Na_2SO_4 有抑制效果。Ruiz-Agudo 等[2]选用 HEDP、ATMP 及 DTPMP 抑制 Na_2SO_4 产生结晶，但该混合试剂费用较贵，且存在一定的限定范围（pH 值介于 8.0—8.5 之间），实用性不高。针对壁画文物的盐析病害特征，主要针对硫酸钠、氯化钠等可溶盐类进行抑制，且需满足文物保护最小介入原则，通过前期研究，选择与壁画本体差异更小的无机试剂——四水八硼酸钠作为壁画盐析抑制剂。因此系统而深入的研究盐析病害机理、抑制盐害材料机理以及与此相关的基础研究对墓室壁画文物遗址的应用具有理论指导意义。

本章针对壁画文物盐析病害现状，制备壁画模拟样品，在实验室中

---

① 郑若芝、张国钊：《NTA——盐重结晶抑制剂》，《科技教育学报》1992 年第 3 期。

② Encarnacion Ruiz-Agudo，"Sodium Sulfate Crystallization in the Presence of Phosphonates：Implications in Ornamental Stone Conservation"，*Crystal Growth&Design*，Vol. 6，No. 7，May 2006，p. 1576.

模拟硫酸钠、氯化钠及混合盐对模拟壁画样块进行腐蚀的实验，利用XRD、电导仪、SEM、FTIR、XPS、Zeta 电位仪、介电常数测定等表征手段，对可溶盐侵蚀前后模拟壁画样块土体的微观结构、组成、颗粒之间的相互作用进行研究；探究壁画本体结构对可溶性盐的吸附行为；利用XRD、电导仪、SEM、FTIR、XPS、Zeta 电位仪、介电常数测定等表征手段对四水八硼酸钠抑制剂对盐析抑制机理进行讨论研究，通过实验室筛选，选出适宜的浓度。并通过模拟实验选出的适宜浓度四水八硼酸钠，对模拟墓葬壁画进行保护实验并跟踪观察。

第二节　四水八硼酸钠盐析抑制剂浓度筛选

为了深入探究墓葬壁画中常见可溶性盐类（尤其是硫酸盐和氯化盐）对壁画材料的长期影响，使用了特定浓度的硫酸盐和氯化盐溶液，在控制的密闭环境条件下，对制备的模拟壁画样品进行了浸泡处理。这一步骤旨在模拟墓葬环境中盐分随水分迁移并渗透至壁画内部的过程，进而触发盐析现象。通过此实验，我们不仅能够直观观察到盐析作用对壁画表面及内部结构的损害机制，还能为制定更为科学合理的壁画保护策略提供宝贵的实验数据和理论依据。

一　实验部分

（一）实验试剂

实验所用试剂及仪器如表 5 - 1、表 5 - 2 所示。

表 5 - 1　　　　　　　　　　实验试剂

试剂名称	化学式	分子量	化学纯度
硫酸钠	Na_2SO_4	国药	AR
氯化钠	NaCl	国药	AR
四水八硼酸钠	$Na_2B_8O_{13} \cdot 4H_2O$	国药	AR
无水乙醇	C_2H_6O	国药	AR
超纯水	H_2O	自制	—

（二）实验仪器

表 5 - 2 实验仪器

仪器名称	仪器型号	生产厂家
超纯水系统	Water Pro PS	美国 LABCONCO 公司
切割机	PS7816MS	普力捷
恒温加热磁力搅拌器	DF - 101S 型	郑州长城科工贸有限公司
电热恒温鼓风干燥器	DHG - 9070A	上海齐欣科学仪器有限公司
分析天平	BSA224S - CW 型	赛多利斯科学仪器北京有限公司
电导仪	DDS - 11A 型	上海大普仪器有限公司
红外光谱仪	Tensor27 型	德国布鲁克
环境扫描电子显微镜	Quanta200 型	FEI 公司
X 射线衍射仪	D/Max - 2500 型	日本 Rigalcu 公司
数控超声波清洗器	KQ5200DB	昆山市超声仪器有限公司
真空干燥器	DZF - 6050	上海一恒科学仪器有限公司
激光粒度 ZETA 电位仪	Delsa NanoC	库尔特贝克曼公司
非金属超声检测仪	RSM - SY5	武汉中岩科技有限公司
超景深显微镜	VHX - 600	日本基恩士

（三）实验方法

1. 盐析抑制剂四水八硼酸钠的浓度优化

（1）取适量超纯水配制浓度分别为：1.0% 、2.0%1020—1170cm^{-1} 、3.0% 、4.0% 、5.0% 的四水八硼酸钠溶液各 200.0ml，备用。

（2）取 24 个结晶皿（尺寸为：90 × 45mm）和制备好的壁画模拟样块（尺寸为 5 × 5 × 2cm），并将其分别置于结晶皿中，备用。

（3）对第一组中的 4 个壁画模拟样块分别用 1.0% 的四水八硼酸钠溶液进行均匀喷淋处理，每次 10.0ml，共喷淋三次，随后置于结晶皿中，备用。

（4）向第一组试样结晶皿中依次加入配置好的 100.0ml 浓度为 5.0% 的硫酸钠、氯化钠及混合盐溶液，对壁画模拟样进行浸渍处理 24h 后取出晾干，循环步骤④三次。

（5）以同样方法，第二、三、四、五组样块分别喷淋 2.0% 、3.0% 、

4.0%、5.0% 的四水八硼酸钠溶液，分别获得相应浸渍样块，随时观察样块盐析作用。

2. 盐析抑制剂处理后对土体矿物组成的影响

盐析抑制剂处理前后的壁画地仗层土壤中矿物物相组成成分表征利用 D/Max－2500 型 X 射线衍射仪，分别对抑制剂处理前后的古砖粉中矿物物相组成进行分析。分别取壁画古砖粉空白试样，经 1.0%、2.0%、3.0%、4.0%、5.0% 四水八硼酸钠溶液处理后的壁画实验样块，将壁画砖块及表层土样在红外灯下干燥辅助下，分别用玛瑙研钵研磨后，放入 XRD 测试样品槽中，待测。

3. 盐析抑制剂处理后对壁画内部结构的影响

采用 RSM-SY5 非金属超声检测仪，将经 5% 硫酸钠、5% 氯化钠及混合盐盐析后的壁画模拟样块进行不同浓度的四水八硼酸钠处理后，将样块置于超声检测仪检测端口之间进行超声纵波测试，以此评估样块内部结构。

4. 盐析抑制剂处理后对壁画土壤粉末官能团的影响

取经不同浓度四水八硼酸钠处理前后的壁画样品粉末，将其置于 40.0℃ 烘箱干燥 4—5h 后取出，置于干燥器中备用。在红外灯辅助干燥条件下，将样品粉末与干燥溴化钾按质量比 1∶50 混合，在玛瑙研钵研磨，研细粉末，利用压片机压成透明薄片，进行红外光谱透射法测定。

5. 盐析抑制剂处理后对壁画土壤粉末 Zeta 电位的影响

壁画样品粉末经盐析抑制剂处理后，其材料极性可能发生变化，为此对相应样品的 ZETA 电位进行测试。分别取盐析抑制剂处理前后的壁画粉末样品，将样品放入 70.0℃ 烘箱干燥 4—5h 后取出，置于干燥器中备用。在红外灯辅助干燥条件下，称取盐析抑制剂处理前后的壁画粉末样品 1.0g，溶于 100.0ml 去离子水的烧杯中，进行超声分散 10min，待混合均匀后，用移液枪移取 1.0ml，溶于 100ml 烧杯中，超声分散器中分散 10min，充分混合均匀，为减小实验误差，平行三组。将三组溶液混合后，取 5.0ml 注入测量池中进行 ZETA 点位测定。

二 结果与分析

(一) 不同浓度盐析抑制剂处理壁画后的外观考察

选用不同浓度盐析抑制剂四水八硼酸钠溶液处理后壁画模拟样经5%
硫酸钠、5%氯化钠、5%混合盐盐析作用照片如图5-1所示。

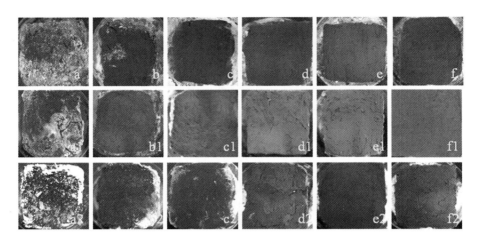

图5-1 不同浓度抑制剂处理壁画模拟样盐析照片

(实验条件见表5-3)

表5-3 试样编号对照

抑制剂浓度	试样编号		
	5.0% Na$_2$SO$_4$	5.0% NaCl	5.0% Na$_2$SO$_4$ 及 5.0% NaCl 混合盐
空白试样	a	a1	a2
1%	b	b1	b2
2%	c	c1	c2
3%	d	d1	d2
4%	e	e1	e2
5%	f	f1	f2

从图5-1中可看出,经四水八硼酸钠处理过的壁画模拟样块,不同
盐溶液浸泡盐析后的壁画模拟样块,随着抑制剂浓度的提升,抑制盐析

作用越明显（表 5 - 3）。1%、2% 处理的壁画模拟样块经 5.0% Na$_2$SO$_4$、5.0% NaCl 及混合盐盐析后，依然有少量盐结晶。而 3%、4%、5% 浓度四水八硼酸钠处理后的样块，均在表面及侧面未出现盐析结晶物。

（二）不同浓度盐析抑制剂处理壁画后对其土体矿物组成的影响

由图 5 - 2 可知，经不同浓度八硼酸钠处理过的壁画模拟样块与空白试样 XRD 图谱显示并未出现衍射峰值的变化，相对应位置的强度变化亦较小，表明抑制剂的使用并未造成样品结晶成分的改变，符合文物保护最小介入等原则。

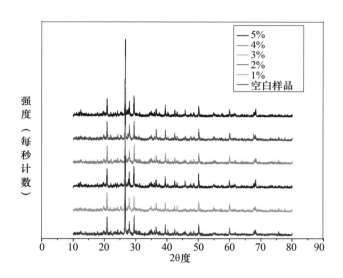

图 5 - 2 抑制剂处理模拟样块土体 X 射线衍射

（三）不同浓度盐析抑制剂处理壁画后对其土体粉末官能团的影响

由图 5 - 3 可知，经不同浓度处理模拟壁画样块，随着浓度的加大，3460cm^{-1} 处（ - OH）特征峰有显著提高，可能是由于四水八硼酸钠吸水的原因。1500—1300cm^{-1} 处出现 BO$_3$ 不对称伸缩振动峰，而 1160—960cm^{-1} 存在硼砂特征峰，810cm^{-1} 出现 Na-O 伸缩振动峰，可推测水中的氧原子与钠离子形成配位。

（四）不同浓度盐析抑制剂处理壁画后对其土体粉末 Zeta 电位的影响

从图 5 - 4 中可看出，经 5.0% Na$_2$SO$_4$、5.0% NaCl 及混合盐盐析的壁

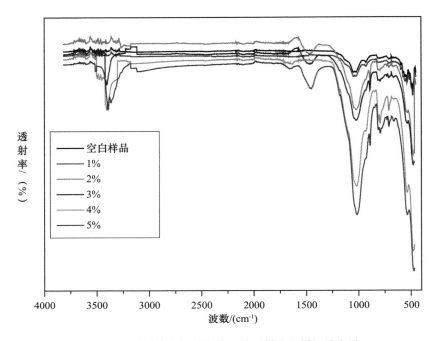

图5-3　不同浓度抑制剂处理壁画样块土样红外光谱

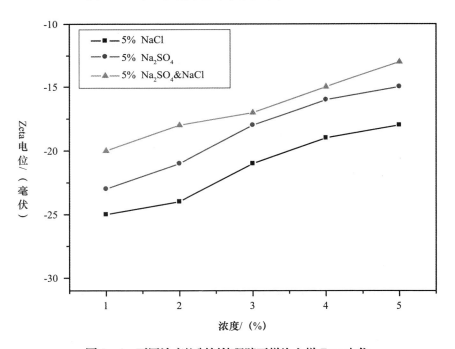

图5-4　不同浓度抑制剂处理壁画样块土样 Zeta 电位

画模拟样块，采用不同浓度抑制剂进行处理后，壁画样块的砖块和表面土样研磨后的粉末的 Zeta 电位为负值。均介于 −10 至 −30 之间，而该范围表征体系不稳定，且随着抑制剂浓度的增加，Zeta 电位向正值变化，即绝对值增加，体系趋向于稳定。这可能与抑制剂处理后因羟基增加有关，羟基的增加提高了静电作用的抑制，使反向离子吸附能力提高。

（五）不同浓度盐析抑制剂处理壁画后对其内部结构的影响

通过模拟壁画样块弹性波速的测试（图 5 − 5、图 5 − 6、图 5 − 7），可间接窥探样块内部孔隙密实程度，进而对比不同浓度抑制保护后的壁画样块内部结构变化情况。

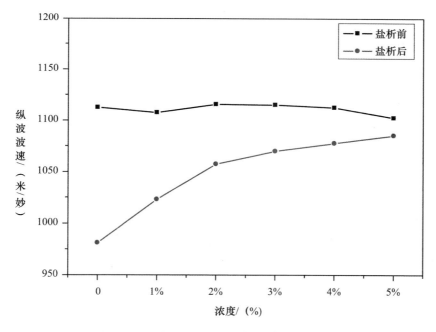

图 5 − 5 硫酸钠盐析前后壁画模拟样块纵波波速随抑制剂浓度变化示意

壁画模拟样块经盐析后，在样块内部及表面析出部分结晶物，极易破坏样块砖块及表层土体内部结构，造成透气性、透水性下降，随着盐析不断地产生，因内部孔隙被堵住而导致表面被结晶盐破坏。通过以上数据可知，空白样块纵向波速盐析后减小幅度最大，而随着样块使用抑

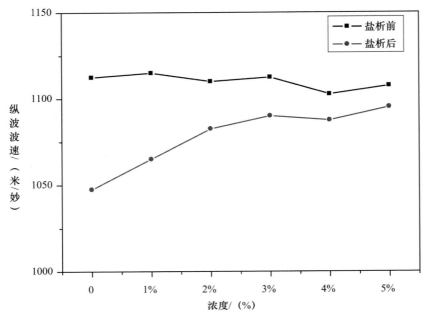

图5-6 氯化钠盐析前后壁画模拟样块纵波波速随抑制剂浓度变化示意

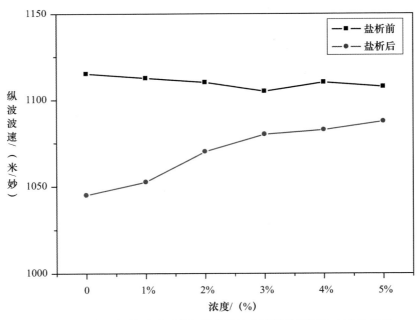

图5-7 混合盐析前后壁画模拟样块纵波波速随抑制剂浓度变化示意

（a：盐析前；b：盐析后）

制剂浓度增大，其纵向波速减小幅度越小，证明其被盐侵蚀的程度越小。而3%抑制剂处理后的样块与4%、5%差异较小。

第三节　交联加固及抑制处理壁画的抗盐化作用研究

一　保护修复工艺及效果跟踪观察

（一）保护修复工艺

选择不同高度、不同颜色未出现盐析病害壁画，先采用 $H_3PO_4 - Ba(OH)_2 - TEO$ 体系及其工艺进行壁画预加固（加固方法及工艺同第四章第二节"二　加固剂的制备及工艺"所述），继而使用3%八硼酸钠溶液进行抑制保护。

（二）效果跟踪观察

对不同高度、不同颜色模拟墓葬壁画进行预加固及抑制处理后（图5-8、图5-9），壁画表面未见反光、色彩无变化，经过时效考验后，经过抑制处理的区域内并未见盐析现象，而在相同高度处，未保护区域可见盐析现象，经实验室对采集的表面盐析结晶进行表征，主要为硫酸钠结晶。

已处理区域　　　　　　　　　　未处理区域

图5-8　壁画保护效果对比

已处理区域   未处理区域

图 5-9　壁画保护效果对比

二　交联加固及抑制处理壁画的表征实验

（一）实验方法

依据文物保护最小介入、保持原貌等原则，对模拟墓葬壁画处理前后效果进行评价，分别对土样进行耐水性、微孔孔径、红外测试、硅元素及结合形态及表面颜料表观图及反射率对比进行对比测试，实验方法如下。

1. 保护处理对加固壁画对耐水性的影响

由于壁画盐害多是由于水盐运移而产生，故在墓葬壁画保护研究工作中要充分考虑到保护后壁画土体的耐水性行为，壁画土体的耐水性也是对加固剂应用效果的评价指标之一。通过使用滴管，对使用预加固和抑制保护的空白试样及只使用抑制剂保护后的土样滴加蒸馏水，在 Quanta-200 型扫描电镜下观察土体表面形貌。

2. 保护处理对加固壁画对土壤微孔孔径分布的影响

孔径分布对土样的稳定性、盐分迁移等具有一定的相关性。通过压汞仪对采集的壁画处理前后土样进行微孔测试。

3. 保护处理加固壁画对土壤官能团的影响

通过衰减全表面反射红外光谱（ATR）对壁画处理前后土样进行测试。

4. 保护处理对颜料层颜色表观及反射率的影响

通过 X-Rite VS‒450 分光光度计对加固前后壁画颜料表观及反射率进行对比测试。

（二）结果与分析

1. 保护处理对加固壁画对耐水性的影响

地下水的毛细渗透常年作用于壁画结构层本体，使得壁画结构层土体受到水的侵害现象也很严重，所以可以通过做耐水实验来衡量加固后壁画土体在水中的行为。为验证保护效果，通过分别对从模拟壁画遗址取回的空白试样、经3%抑制剂处理后及预加固后进行抑制保护的试样进行表面滴水实验，对试样表面外观进行 SEM 表征。

对比不同处理过程后的土壤团粒对水敏感性变化的 SEM 图示（图5‒10）。对比试样经水浸渍后土壤团粒团聚在一起，破坏了土壤的原貌。而只经3%八硼酸钠抑制剂保护后的土壤团粒亦由于保护剂中含有水分，在滴加的过程中，影响了土样的团粒结构。而经加固剂先进行加固后，再进行抑制剂处理，则土壤团粒结构保持良好。

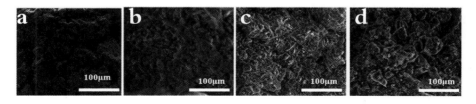

图5‒10　实验样块表面耐水实验 SEM 表征

（a. 空白试样；b. 对比试样浸水后；c. 抑制保护浸水后；d. 预加固＋抑制保护浸水后）

2. 保护处理对加固壁画对土壤微孔孔径分布的影响

从图5‒11中可看出，未处理与已处理（交联加固及抑制保护处）土样整体孔径分布峰形基本一致，均呈现正态分布。而加固后的土样非毛管孔度孔径较未加固孔径有增多的趋势，而比例更高的非毛管孔度可以提高土壤的透气性和渗水性，有利于土样保持干燥。毛管孔度有减小的趋势，从而减少水盐运移的概率。

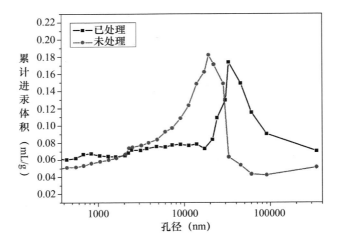

图 5 - 11   土样的孔径分布对比

3. 保护处理加固壁画对土壤官能团的影响

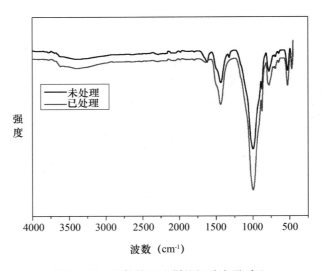

图 5 - 12   保护处理土样的红外光谱对比

如图 5 - 12 所示，加固前后表面特征基团的红外光谱图形状基本一致，特征峰位置相同，结果表明加固剂的使用并未改变土样的特征，符合文物保护最小介入原则。加固后的土样较未加固土样，Si-O（1020—1170cm^{-1}）及 Si-O-Si 的弯曲振动峰的伸缩振动吸收峰强度有所增强，与加固剂中 TEOS 水解缩合产物后形成土样团粒中的胶结状态有关。

4. 保护处理对颜料层颜色表观及反射率的影响

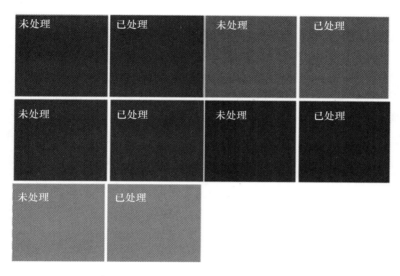

图 5 – 13 不同颜料壁画处理前后颜色表观

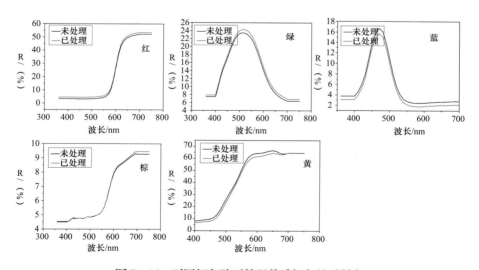

图 5 – 14 不同颜色壁画处理前后颜色的反射率

通过对模拟墓葬壁画朱砂、石绿、石青、雌黄、铅红颜料壁画区域加固前后颜色表观及颜色反射率对比（图5－13、图5－14）均未发生较大改变。结合对比加固前后的照片，可推断经多点交联加固后的壁画表面颜色并未有较大改变，符合文物保护最小介入的原则。

小 结

本章选用四水八硼酸钠作为抑制剂对壁画模拟样块盐析病害进行抑制处理。通过对1%—5%硫酸钠、氯化钠及混合盐进行抑制处理后，对壁画模拟样块外观形貌、3D表面形貌、弹性波检测，对抑制剂使用后的效果进行评测，对土样及砖样的粉末进行XRD、FTIR、Zeta电位等测试。通过实验室模拟，选择适宜浓度对模拟墓葬墓室中壁画进行抑制保护处理，考虑到盐析的时间特性，跟踪观察一年后，对已处理和未处理的土样进行土样耐水性实验、微观孔径对比、FTIR、颜料层处理前后颜料表观图及反射率对比等测试。得到了以下结论。

（1）一定浓度（大于3%）的四水八硼酸钠对壁画模拟样块抑制作用显著。鉴于文物保护最小介入原则，选择3%作为适宜的浓度。鉴于文物保护的保持原貌原则，在抑制处理前，应选择进行加固实验，而保证土体团粒结构不被破坏。

（2）四水八硼酸钠处理后的壁画模拟样块具有抗盐析作用，经测试，随着抑制剂浓度提升，土样羟基特征峰显著提高，可通过氢键作用提高对可溶性盐的吸附作用，且羟基的增多有利于水形成氢键，促进在土壤孔隙中形成水膜，有利于吸附可溶盐。

（3）经模拟墓室壁画加固及抑制保护处理后的区域与未进行保护处理的区域进行一年的时效考验，结果显示经处理过的壁画表面未出现盐析，而在同一高度处未经保护处理的区域普遍出现了盐析现象。说明抑制剂在壁画原址保护中具有一定的保护效果。经交联加固剂抑制处理后的土样非毛管孔隙度孔径较未加固孔径有增多的趋势，而比例更高的非毛管孔度可以提高土壤的透气性和渗水性，有利于土样保持干燥。毛管孔度有减小的趋势，从而减少水盐运移的概率。交联加固保护中TEOS可有效提高羟基的比率，增强对可溶盐的吸附作用。

第 六 章

酒泉丁家闸五号壁画墓盐析初步治理保护应用实例

第一节 引言

酒泉丁家闸五号壁画墓于 1977 年发现清理，是一座十六国时期的大型壁画墓，是继嘉峪关新城壁画墓之后的又一重要发现，为全国重点文物保护单位。古代墓葬壁画是不可再生的文化遗产，是研究历史、科学和艺术文化最有力的实物资料，也是传承历史的有力媒介，是科学发明和技术承接创新的借鉴和佐证。由于古代墓葬所处的特殊埋藏环境，及生态环境的日益恶化，气候的变迁等，使其面临着自身病害破坏，古代墓葬壁画是人类文明的结晶，一旦毁坏将是不可再生的。近年来，由于墓室开放次数频繁及墓室环境的改变，在壁画四壁下部与画面局部发生了病害和地仗脱落，情况日趋严重，对其保护刻不容缓。学术界对该壁画墓所绘内容进行多方面研究，但许多珍贵的画面内容已消失或濒临消失。

经过全面的调查与科学分析，表明硫酸钠等可溶盐的盐害破坏是壁画的主要病害，在丁家闸五号墓室前室四壁下部及后室下部，壁画颜料层、地仗层严重酥碱、脱落。近年来，可溶盐盐析引起的病害日趋严重。

古代壁画墓葬原址保护面临复杂的内部微环境变化及外部大气环境变化，较难采用单纯的物理方法进行保护及病害防治。陕西师范大学历史文化遗产保护教育部工程中心经过较为全面科学的前期病害分析（第二章），针对该墓葬病害，有针对性地制定了多点原位交联加固及盐析抑制保护方法，在部分区域进行加固及跟踪后，效果良好，有效地延缓了壁画的病害。

第二节 酒泉丁家闸五号墓的历史 沿革及价值评估

一 历史沿革

丁家闸五号壁画墓 1977 年发掘出土,为十六国时期壁画墓,是继嘉峪关新城魏晋壁画墓之后的又一重要发现。1978 年修建了墓道口管理房;1994 年修建了接待室、值班室等管理用房;1994 对外开放;2008 年安装了监控设施;2011 年实施了树标立界工作。到目前为止尚未进行过全面系统的科技保护,受到可溶盐盐胀作用等因素影响,导致酥碱、风化褪色、片状脱落等病害产生,不及时作出恰当、有效的保护处理,珍贵的文化遗产将面临不可挽回的损失。

二 价值评估

酒泉丁家闸五号壁画墓于 1977 年被发现清理,是一座十六国时期的大型壁画墓,是继嘉峪关新城壁画墓之后的又一重要发现,为全国重点文物保护单位。古代墓葬壁画是不可再生的文化遗产,是研究历史、科学和艺术文化最有力的实物资料,也是传承历史的有力媒介,是科学发明和技术承接创新的借鉴和佐证。由于古代墓葬所处的特殊埋藏环境,及生态环境的日益恶化,气候的变迁等,使它面临着自身病害破坏,古代墓葬壁画是人类文明的结晶,一旦毁坏将是不可再生的。古代壁画墓葬是古遗址中很难保存的一种。近年来,由于墓室开放次数频繁及墓室环境的改变,在壁画四壁下部与画面局部发生了病害和地仗脱落,情况日趋严重,对其保护刻不容缓。按照《中国文物古迹保护准则》和《古代壁画现状调查规范》,对该墓壁画的价值应从以下几个方面进行评估。

(一) 历史价值

历史价值是文物的核心和灵魂,文化遗产属不可再生资源,中国中古时期的墓葬现已积累了大量的经过科学发掘与整理的考古新资料,尤其是壁画墓葬,其发现数量之多、分布之广、内容之丰富、文化价值之高已成为考古学、中国美术史、历史学、文化史等诸多学科领域中进行学术研究不可忽视的重要部分。

酒泉丁家闸五号墓壁画上承嘉峪关魏晋墓壁画，下接敦煌北朝壁画，是反映该地区十六国时期绘画艺术的珍品，色彩鲜艳，堪称"地下画廊"。壁画构图严谨。层次分明，布局得当，再现了十六国时期河西地区的社会状况、思想意识及生产生活场景，对该地区历史研究具有不可替代的作用。

酒泉丁家闸五号墓作为丁家闸十六国时期重要的壁画实物，上承魏晋壁画，下接敦煌北朝佛教壁画，该时期墓葬是中国古代墓葬艺术的重要组成部分，上承战国秦汉的厚葬习俗，历经十六国时期薄葬阶段，下启南北朝隋唐厚葬文化。文献对该地区历史记述较少，许多历史模糊不清。墓葬壁画可为文献记载补充实物材料，通过展现人民生活、劳作场景，再现当时的人民社会生活状况，反映社会生业情况，具有较高的历史价值。

（二）艺术价值

作为珍贵的绘画艺术品，该时期绘画艺术处于承上启下的阶段，但传世珍品较为少见，国内外美术史专家可通过此来研究该时期艺术发展史，极具学术价值和艺术价值。

该壁画共分五层，绘有天、地、人间三界，反映了十六国时期河西地区政治、经济、农、林、牧、民族宗教、文化艺术等方面内容；后室门券拱形，主体呈长方形，券顶只有西壁绘有壁画。[1] 所绘壁画中，色彩种类众多，有红、黄、粉黄、白、石绿（几乎全部已脱落）、赭石、黑、灰等色，根据不同对象而"随类赋采"，恰如其分地体现出各种人物的身份和器物的质感，区区数种颜色，却给人以丰富的感觉，为研究者提供了反映河西地区魏晋南北朝时期绘画发展演变线索的一组珍贵实物资料。[2]

（三）科学价值

自张骞凿空西域后，河西地区就成为西汉王朝经略西域和文化交流的重要通道。河西走廊地区在军事和文化上的位置都十分显要。古代墓葬壁画的科学价值是它所反映的自身时代科学技术水平，这从不同的侧面标志着它们产生的那段历史时期人们认识自然、利用自然的程度和科学技术与生产力的发展水平；除了作为科学史的例证之外，许多前人辛

---

[1]　张朋川：《酒泉丁家闸古墓壁画艺术》，《文物》1979 年第 6 期。

[2]　吴礽骧：《酒泉丁家闸五号壁画墓内容考释》，《敦煌学辑刊》1983 年第 0 期。

勤劳动，创造发明的成果还可以为今天的科学技术研究借鉴，有些古代的科学技术成果今天还可以应用。古代墓葬壁画所绘内容还是各门科学发展的实物鉴证，所有这些都展现了古代壁画墓葬所具有的科学价值。

壁画的大部分内容则是为墓主人服役的劳动人民的各种生产劳动场面。壁画对劳动生活有细致的描写：树下的采桑女，各有不同的姿态和动作。壁画的各种车舆，尤其是墓主人乘坐的牛车，虽结构复杂，但形制准确，层次井然。对我们研究古代的绘画技术和建筑科学提供了不可或缺的借鉴。

第三节　技术路线和保护修复程序

根据前期的病害调查及分析，可知丁家闸五号墓葬壁画主要存在酥碱、起甲等病害类型。而经壁画现场进行的抑制加固保护处理，效果良好。针对丁家闸五号壁画墓病害，根据对《中国文物古迹保护准则》的理解和在丁家闸五号墓葬壁画保护以及其他壁画保护项目中的实践，按照壁画保护的特点，制定有效的保护技术路线（图6－1）。

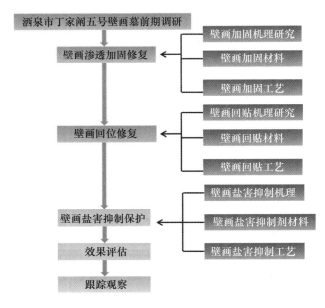

图6－1　壁画保护技术路线

一　壁画多点交联加固保护

原址保存的壁画，其环境因素作用复杂综合且难以控制，需要结合壁画本体材料性质、加固封护材料的抗老化性能、环境波动以及水的影响等多重因素综合判断，应未雨绸缪防患于未然。

通过前期的病害调查研究，选取壁画风化、盐害酥碱、脱落部位的土体，采用 H_3PO_4 – Ba（OH）$_2$ – TEOS 体系加固剂整体多点原位交联加固（图6–2、图6–3）。地仗层与支撑体之间的细微缝隙中，经历了一个复杂的化学转化过程：硅铝酸盐阳离子与磷酸质子发生交换，导致表面形成质子化的硅铝酸盐，这一过程促进了磷酸根离子通过静电相互作用牢固地吸附于壁画土体的微小间隙之中。随后，氢氧化钡的引入进一步推动了这一化学变化的深入，其中，质子被钡离子有效取代，直接在原位形成了不溶性的磷酸—硅铝酸钡复合物。这种新生成的化合物以其卓越的化学稳定性，不仅紧密填充了地仗层与支撑体之间的缝隙界面，还显著增强了结构层的耐久性，有效抑制了因环境湿度变化、盐类迁移等多种因素导致的土体风化现象，从而为壁画等文化遗产的长期保存提供了坚实的保护屏障。

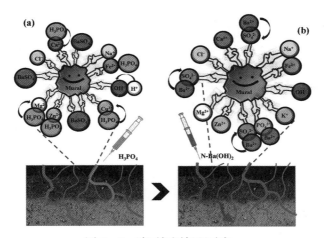

图6–2　壁画加固机理示意

TEOS，在壁画保护领域展现出独特的加固效果，其通过与空气中或壁画土体中的水分发生一系列复杂的化学反应，逐步实现了对土壤颗粒的有效加固。在这一过程中，首先遇到水分子，发生水解反应，生成乙醇和硅酸。硅酸作为中间产物，具有高度的反应活性，能够进一步与未反应的 TEOS 分子或其他硅酸分子发生聚合反应，形成长链或网状结构的硅氧聚合物。随着反应的深入进行，这些硅氧聚合物逐渐交织、扩展，形成一层致密的保护膜覆盖在壁画土壤颗粒表面。这层保护膜不仅增强了土壤颗粒之间的结合力，还提高了土壤的整体强度和稳定性，有效抵御了外界环境因素如风化、潮湿等对壁画的侵蚀。更重要的是，TEOS 在加固过程中，其水解和聚合反应是逐步进行的，这意味着反应产物能够逐渐渗透到土壤颗粒的微小孔隙中，形成更加深入、牢固的网状交联结构。这种结构不仅强化了土壤颗粒的自身强度，还促进了土壤颗粒之间的紧密连接，使得整个壁画土层的整体性和稳定性得到了显著提升。它不仅仅是通过增加强度或提高耐水性来简单保护壁画，而是通过与壁画土体中的水分发生复杂的化学反应，从根本上改善土壤颗粒的物理化学性质，实现了对壁画更加全面、深入和持久的保护。

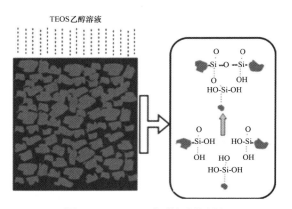

图 6 - 3 TEOS 交联加固原理

（一）使用试剂

无水乙醇（分析纯，国药集团化学试剂有限公司），甲醇、磷酸（国药集团），氢氧化钡（国药集团），草酸（国药集团），正硅酸乙酯（国药集团），实验用水均为二次蒸馏水。

（二）加固试剂制备

取 2g 草酸和 2ml 磷酸溶解于 1000ml 的乙醇中进行搅拌，使其完全溶解，形成无色澄清溶液作为 1 号加固剂。

取经球磨机研磨 24h 研制的 100—200μm 的 5 克氢氧化钡溶解于 1000ml 甲醇溶液中，加热至 120℃恒温回流待溶液为澄清色全部溶解后，室温冷却制得无色澄清溶液作为 2 号加固剂。

溶解 150ml 的正硅酸乙酯于 1000ml 的乙醇中进行搅拌，使其完全溶解，形成无色澄清溶液作为 3 号加固剂。

（三）加固操作方法及工艺

步骤 1：采用 1 号加固剂逐渐滴渗壁画表面，每 100cm^2 壁画滴渗 50ml，覆盖渗透干燥 2 天。

步骤 2：采用 2 号加固剂逐渐滴渗壁画表面，每 100cm^2 壁画滴渗 50ml，覆盖渗透干燥 2 天。

重复 4 遍步骤 1、步骤 2。

步骤 3：采用 3 号加固剂逐渐滴渗壁画表面，每 100cm^2 壁画滴渗 20ml，覆盖渗透干燥 2 天。

二　起甲壁画回贴修复保护

在对壁画墓进行深渗透、透气加固的基础上，对起甲壁画进行回贴修复，采用课题组自主研制的 ZB-F600 双组份 FEVE 水性氟树脂—乙醇—水溶液壁画回位修复剂进行回位修复。该回位修复剂具有流动性、渗透性、兼容性、交链固结性、适宜的黏结强度、不改变土体色泽等优点。

（一）使用试剂

无水乙醇（国药集团化学试剂有限公司），实验用水均为二次蒸馏水，ZB-F600 双组份 FEVE 水性氟树脂（大连振邦氟涂料股份有限公司）。

（二）回位修复工艺

通过实验室模拟实验，配制低浓度回贴试剂比例为：ZB-F600 双组份 FEVE 水性氟树脂：3%—5%；乙醇：50%—60%；水：40%—50%。

通过不同配比的低浓度回贴保护试剂在壁画内部有从低到高的缓慢过渡的梯度渗入，以防止因浓度骤变引起的在材料分界面处产生新的开裂等病害。以此满足预处理后使土样仍旧保持较好的渗透性，以不影响后期的回贴修复；最小限度改变土样原貌；保证有足够渗透深度；且具备一定的粘接强度。

使用滴管逐次滴加约2—5ml回贴保护试剂进行回贴保护处理。

三 壁画盐析病害抑制治理

（一）使用试剂

四水八硼酸钠（国药，AR），实验用水均为二次蒸馏水。

（二）抑制保护工艺

采用低浓度3%的四水八硼酸钠溶液对壁画样块进行盐害抑制处理，使用滴管逐次滴加约2—5ml回贴保护试剂进行回贴保护处理。

四 壁画保护风险分析

在酒泉市丁家闸五号壁画墓的抢救修复过程中，尽管采取了周密的保护方案，但必须清醒认识到，没有任何一套安全方案能够绝对确保修复工作的万无一失，每个方案都伴随着潜在的风险。[①] 这些风险主要源自多个方面，包括但不限于壁画本体的脆弱性、修复技术的局限性、环境因素的不可控性以及人为操作的失误等。[②] 文化遗产保护风险评估在此过程中显得尤为重要，它要求对壁画墓的现状进行全面细致的调研，对可能遇到的风险进行科学的预测和评估，并据此制定针对性的预防和控制措施，以最大限度地减少修复过程中对壁画造成的损害，确保这一珍贵文化遗产得到妥善保护和传承。而在对酒泉市丁家闸五号壁画墓抢救修复过程中，存在的风险主要有以下几个方面。

第一，遗产自身风险：是指丁家闸五号壁画墓自身存在的缺陷与不可预测因素（例如，起甲、酥粉病害十分严重等），而导致整个保护修复的风险提高，因此需要制定相应的即时措施。[③]

第二，人为技术风险：是指因为修复人员的操作技能问题，或者技术本

---

① Quanquan Jia, Wenwu Chen, Yanmei Tong, "Experimental Study on Capillary Migration of Water and Salt in Wall Painting PlasterA Case Study at Mogao Grottoes, China", *International Journal of Architectural Heritage*, Vol. 16, No. 2, May 2022, p. 716.

② M Unoki, I Kimura, M Yamauchi, "Solvent-soluble fluoropolymers for coatings—Chemical structure and weatherability. Surf. Coatings Int. Part B Coat. Trans", Vol. 85, No. 83, September 2002, 85, p. 210.

③ Alessia Artesani, Francesca Di Turo, "Recent advances in protective coatings for cultural heritage—An overview", *Coatings*, Vol. 10, No. 3, February 2020, p. 217.

身的问题而导致整个保护修复的风险提高。针对此类风险，进行合理化、规范化设计，并提供专业的测试，以及修复资料的整合与修复档案的建立。[①]

第三，材料的风险：是指因为购买的原材料达不到或不符合保护修复材料的要求，而导致整个保护修复的风险增加。针对此类风险，将严格把控原材的采购和检验，确保原材料质量不出问题。[②]

第四，不可预测风险：是指除技术、人员和材料以外的风险，其存在具有不可预见性和突发性。针对此类风险，制定相应的即时对策与措施。

第四节 保护效果对比

在实验室的模拟实验的基础上，在盐害病害较为严重的壁画墓前室下部没有颜料层或颜料层较少的区域进行病害初步治理，治理效果如图6−4、图6−5、图6−6所示。

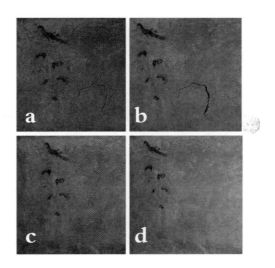

图6−4 墓葬壁画保护效果对比

（a. 保护处理前；b. 保护处理前侧面；c. 保护处理后；d. 保护处理后侧面）

---

① Peng Fu, Ge-Le Teri, Xiao-Lian Chao, "Modified Graphene-FEVE Composite Coatings: Application in the Repair of Ancient Architectural Color Paintings", *Coatings*, Vol. 12, No. 10, November 2020, p. 1162.

② A Murray. "Materials for Conservation: Organic Consolidants, Adhesives and Coatings", *Studies in conservation*, Vol. 58, No. 1, May 2013, p. 59.

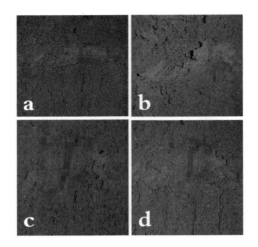

图 6 – 5　墓葬壁画保护效果对比

（a. 保护处理前；b. 保护处理前侧面；c. 保护处理后；d. 保护处理后侧面）

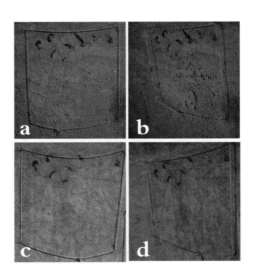

图 6 – 6　墓葬壁画保护效果对比

（a. 保护处理前；b. 保护处理前侧面；c. 保护处理后；d. 保护处理后侧面）

小　结

在丁家闸五号壁画墓的保护修复项目中，针对选取的受盐害影响的壁画样块，采取预加固、回贴及盐害抑制等综合保护工艺。这些措施不仅保持了其壁画原始颜料层的色彩，更显著地增强了壁画颜料层与地仗层的结构强度，确保壁画在历经岁月侵蚀后仍能展现出良好的稳定性与耐久性。[①] 在整个保护过程中，所选用的试剂与保护方法严格遵循了文物保护修复的最小介入原则[②]，力求在最大限度保留文物历史信息的同时[③]，实现对其的有效保护与修复。经过阶段性的跟踪观察，保护区域内的墓葬壁画未再出现盐析现象，为壁画的长期保存与展示奠定了坚实基础。

---

① Yuanyuan Zhang, Xuanhua Li, Jinmeng Zhu, "Hybrids of cnts and acrylic emulsion for the consolidation of wall paintings", *Progress in Organic Coatings*, Vol. 124, No. 2, November 2018, p. 186.

② Emiliano Carretti, Luigi Dei, "Physicochemical characterization of acrylic polymeric resins coating porous materials of artistic interest", *Progress in Organic Coatings*, Vol. 49, No. 3, April 2004, p. 285.

③ Rodorico Giorgi, Michele Baglioni, Debora Berti, "New methodologies for the conservation of cultural heritage: Micellar solutions, microemulsions, and hydroxide nanoparticles", *Accounts of Chemical Research*, Vol. 43, No. 6, March 2010, p. 43, 695.

结　　语

我国墓葬壁画历史悠久，是我国文化遗产中重要的分支。墓葬壁画的盐析病害属于较难治理的病害之一。盐析病害存在酥碱、空鼓、起甲、疱疹、盐霜、龟裂及脱落等表现形式。近年来，国内外壁画保护专家采取了一些积极的保护对策及方法。但直到目前，墓葬壁画的盐析病害仍属世界性难题。因墓葬壁画中微环境的复杂性、原址保护中环境不易调控的现实性，使得该课题具有复杂的变化因素。而水—热—盐的协同影响是盐析病害的主导因素，但对于墓葬壁画的该方面课题的国内外研究还不够深入，有待完善。

对于墓葬壁画盐析病害的保护治理方法中已形成了一些物理及化学保护方法，但各种方法仍存在着一定的局限性。本书针对北方墓葬壁画的盐析病害现状进行调研及病害成因分析，基于水—热特征对墓葬壁画土体水盐运移规律进行了初步研究，研究了 $H_3PO_4 - Ba(OH)_2 - TEOS$ 体系多点原位交联加固壁画的方法及四水八硼酸钠盐析抑制的综合保护壁画的方法。围绕上述课题，开展了以下研究工作。

（1）通过对北方地区半干旱区丁家闸五号壁画墓及半湿润区韩休墓壁画表面盐析病害调查，采用 SEM、EDX、XRD、离子色谱仪等对壁画土体不同高度处壁画地仗层土体进行了含水率、pH 值、电导率、物相结构、组成成分、可溶盐离子含量及形貌等的表征，揭示了造成墓葬壁画土体产生盐析病害成因的普遍性规律，在外界环境的影响下可溶盐（硫酸盐、氯化盐）在壁画土体中随水分的蒸发进行迁移，且在纵向上含盐量与电导率呈正相关性，显示以纵向的毛细力带动为主，硫酸盐与氯盐结晶富集于壁画表面。因盐析对壁画的破坏，以硫酸盐的作用更为显著。

因盐析结晶物体积增大较为明显，造成的土壤团粒的挤压崩解，土体结构不断疏松、粉化，引起壁画地仗层土体的破坏，致使壁画表面酥碱、起甲，甚至脱落等。

（2）基于水—热特征对墓葬壁画土体水盐运移规律进行探究，通过在陕西师范大学遗址模拟实验坑内选取富盐区域建设模拟墓葬壁画墓室，借助土壤温度、含水率及电导率记录仪等对壁画土体不同高度处温度、含水率、电导率等数据进行实时监测。结果表明墓室内微环境受到外部环境的影响，具有明显的季节性波动。在土壤水分的带动下，可溶盐在纵向迁移作用显著。随着微环境的温湿度循环变化，可溶盐反复溶解—结晶，最终表聚于壁画表面，其以硫酸钠为主。结合 $Na_2SO_4 - H_2O$ 相图不难判断，墓室环境中硫酸盐盐析结晶易于出现在冬季、春季。结果显示土壤电导率和含盐量呈现良好的相关性，盐分随水分纵向迁移作用显著，主要聚集于距墓底较高处。离子色谱分析不同高度处土壤含有的无机盐离子类型和含量，结果表明墓室环境中距墓室底部高度越高，离子含量逐渐增加，其中 Na^+、Ca^{2+}、SO_4^{2-} 离子含量比较高，增加的幅度也比较大。经抗阻尼强度测试，酥碱土样比未出现酥碱的土样强度显著降低，与宏观的粉化现象相对应。

基于垂直土柱法研究了硫酸盐及氯化盐一维水盐运移规律。采用 2.0 米高度垂直土柱作为研究载体，在实验室内通过在垂直土柱内供试硫酸钠、氯化钠、氯化钙等混合盐，模拟 2.0 米高度土壤水盐运移，采用传感器实时监测土壤不同高度处含水率及电导率的变化规律，结果显示纵向上电率与含水率呈负的相关性，含盐量与电导率呈正相关性。利用 SEM、XRD、离子色谱仪等手段对土样进行表征，结果显示 Na^+、Ca^{2+}、Cl^-、SO_4^{2-} 等离子在土壤纵向上随水分迁移作用显著，主要聚集于土表以下 10cm 以内，从微观和宏观表现的角度揭示水盐运移规律，对制定墓葬壁画的保护措施具有重要的理论价值和现实意义。

（3）针对墓葬壁画盐析过程中，造成土体力学性能下降，易粉化等特点，为提高墓葬壁画本体强度，以抵御盐析对壁画土体中土壤团粒结构的破坏，研制了 $H_3PO_4 - Ba(OH)_2 - TEOS$ 体系多点原位交联加固保护剂及加固工艺方法。选用几种常用壁画加固保护剂与 $H_3PO_4 - Ba$

（OH）$_2$ – TEOS 体系加固剂对模拟壁画颜料层及土体进行了加固性能对比测试。通过对壁画表面颜料层色差、增重、透气性、渗透性、附着力等及对土体的抗压强度、透气性、耐水崩解性、物相结构的表征，结果表明本研究所研制的 H$_3$PO$_4$ – Ba（OH）$_2$ – TEOS 体系加固剂，具有较小的色差改变、渗透性好、透气性好、适宜的加固强度等优点，符合文物保护最低干预、不改变原貌等原则。通过对加固的样块盐析后进行干湿交替循环、冷热交替循环等过程的评价，该加固方法具备一定的耐盐性特征，盐析对其破坏程度较小。对现场模拟墓葬壁画的加固保护效果良好，对加固的土体进行钡离子浓度梯度、微观孔隙结构、耐水性等性能表征测试，并推测出该加固剂的加固机理，认为乙醇有利于保持土壤团粒原始结构，TEOS 通过化学交联作用将土壤团粒结构固定化，磷酸钡、碳酸钡微量沉淀，能对壁画地仗层、支撑体的微观结构与空隙起到加固作用，具有较好的渗透作用，使其在盐分溶解于析出时，保持微观原貌，而不发生渐进式崩解。

（4）研究了四水八硼酸钠壁画盐析抑制作用，针对壁画文物盐析病害现状，制备壁画模拟样品，选用四水八硼酸钠作为抑制剂对壁画模拟样块盐析病害进行抑制处理。经 1%—5% 四水八硼酸钠溶液对 1%—5% 硫酸钠、氯化钠及混合盐浸泡后的样块进行处理，对壁画模拟样块外观形貌、弹性波检测，对抑制剂使用后的效果进行评测，对土样及砖样的粉末进行 XRD、FTIR、Zeta 电位等测试。通过实验室模拟，选择适宜浓度对模拟墓葬壁画进行抑制保护处理，考虑到盐析的时间特性，跟踪观察一年后，对已处理和未处理的土样进行了土样耐水性实验、微观孔径对比、FTIR、颜料层处理前后颜料表观图及反射率对比等测试。结果表明：四水八硼酸钠质量浓度大于 3% 时，对壁画模拟样块抑制作用显著。随着抑制剂浓度提升，粉末中羟基特征峰显著提高，可通过氢键作用提高对可溶性盐的吸附作用，且羟基的增多有利于与水形成氢键，促进土壤孔隙中形成介电常数较大的水膜，继而抑制可溶盐结晶。采用 H$_3$PO$_4$ – Ba（OH）$_2$ – TEOS 体系加固剂及 3% 四水八硼酸钠对模拟墓室壁画进行综合保护处理，时效考验后，综合保护工艺在壁画原址保护中具有一定的抗盐化效果。

（5）将本书研制的 H_3PO_4 – Ba（OH）$_2$ – TEOS 体系壁画加固保护剂及低浓度的四水八硼酸钠应用于实际的墓葬壁画保护修复工作中。针对丁家闸五号壁画墓出现的酥碱、起甲等病害有针对性地制定保护对策。采用研制的 H_3PO_4 – Ba（OH）$_2$ – TEOS 体系多点原位交联加固剂对壁画进行加固保护，采用低浓度四水八硼酸钠盐析抑制剂进行盐析抑制处理，应用课题组前期研制的 ZB-F600 双组份 FEVE 水性氟树脂—乙醇—水溶液体系对起甲病害进行壁画回位修复保护，通过一定时期的时效考验，上述保护方法效果良好，具有一定抗盐化作用。

本书主要针对墓葬壁画盐析病害进行病害成因及墓葬壁画水—热—盐影响关系探究，针对盐析出现的硫酸盐和氯化盐提出了多位点交联加固和盐析抑制保护的化学综合保护方法，后期还需进行如下工作。

（1）对墓葬壁画的盐析保护效果进行跟踪观察，对墓葬壁画在原址保护的微环境中其他因素对盐析病害的影响进一步进行综合探究。

（2）根据本研究对墓葬壁画水—热—盐的相互影响作用规律，进一步探索化学与物理方法相结合的保护方法，期望能够为墓葬壁画原址保护提供新思路。

参考文献

白崇斌、马涛：《古遗址科学保护的探讨与实践》，《文博》2005年第4期。

岑天庆：《球面镜反射的是镜面反射还是漫反射》，《物理通报》2010年第1期。

常亚平：《山西寺观壁画保护技术》（一），《古建园林技术》2004年第4期。

陈港泉、胡红岩、李燕飞等：《莫高窟壁画疱疹病害的微观形貌和成分研究》，《表面技术》2016年第10期。

陈港泉、于宗仁：《莫高窟第351窟壁画疱疹和壁画地仗可溶盐分析》，《敦煌研究》2008年第6期。

陈红：《光的散射》，《科教文汇》2007年第4期。

陈家昌：《关于壁画揭取保护中"干涉层"的使用和"地仗层"的去留问题》，《文物保护与考古科学》2004年第3期。

陈铭、刘更另：《可变电荷土壤中主要阴离子的吸附》，《土壤学进展》1986年第4期。

陈世强、吕世华、奥银焕等：《夏季不同土壤湿度和天气背景条件下绿洲土壤温湿特征的个例分析》，《中国沙漠》2007年第4期。

程真：《谈绘画色调关系规律及技巧》，《艺术理论》2009年第6期。

刍长安：《唐墓壁画的发掘与保护》，《文博》1992年第2期。

邓天龙、周桓、陈侠：《水盐体系相图及其应用》，化学工业出版社2013年版。

《电导率仪试验方法》（GB/T11007-2008），人民出版社2008年版。

杜晓帆:《从高松冢古坟看日本的文化遗产保护》,《中华遗产》2007 年第
　　4 期。

段修业、傅鹏、付有旭等:《莫高窟第 16 窟酥碱悬空壁画的修复》,《敦
　　煌研究》2005 年第 4 期。

范健:《物质的颜色是怎样产生的》,《化学通报》1982 年第 12 期。

复旦大学《物理学》编写组:《物理学》,人民教育出版社 1980 年版。

甘肃省文物考古研究所编:《酒泉十六国墓壁画》,文物出版社 1989 年版。

高雅敏:《大同整体搬迁两座辽代壁画墓葬》,《大同日报》2015 年 7 月 8
　　日第 1 版。

《古代壁画保护修复方案编制规范》(GB/T 30236 - 2013),中国标准出版
　　社 2013 年版。

《古代壁画病害与图示》 (GB/T 30237 - 2013),中国标准出版社 2023
　　年版。

《古代壁画地仗层可溶盐分析的取样》 (WWW - T0032 - 2010),文物出
　　版社 2010 年版。

《古代壁画脱盐技术规范》(WWT 0031 - 2010),文物出版社 2010 年版。

《古代壁画现状调查规范》(WW/T 0006 - 2007),文物出版社 2010 年版。

古名学:《物质显色机理的再探讨》, 《西南农业大学学报》1996 年第
　　4 期。

郭宏:《古代干壁画与湿壁画的鉴定》,《中原文物》2004 年第 2 期。

郭宏:《论"不改变原状原则"的本质意义》,《文物保护与考古科学》
　　2004 年第 1 期。

郭宏:《论不改变原状原则的本质意义——兼论文物保护科学的文理交叉
　　性》,《文物保护与考古科学》2004 年第 1 期。

郭宏、韩汝玢、李斌等:《广西花山岩画岩石生物风化机理及其防治对策
　　研究》,《中国文物科学研究》2007 年第 2 期。

郭宏、韩汝玢、赵静等:《水在广西花山岩画风化病害中的作用及其防治
　　对策》,《文物保护与考古科学》2007 年第 2 期。

郭宏、李最雄、裴元勋等:《敦煌莫高窟壁画酥碱病害机理研究之三》,
　　《敦煌研究》1999 年第 3 期。

郭宏、马清林:《馆藏壁画保护技术》,科学出版社 2011 年版。

郭青林:《敦煌莫高窟壁画病害水盐来源研究》,博士学位论文,兰州大学,2009 年,第 43 页。

郭青林:《敦煌莫高窟壁画病害水盐来源研究》,科学出版社 2016 年版。

郭青林、王旭东、薛平等:《敦煌莫高窟底层洞窟岩体内水汽与盐分空间分布及其关系研究》,《岩石力学与工程学报》2009 年第 S2 期。

国家古迹遗址理事会中国国家委员会:《中国文物古迹保护准则》,文物出版社 2015 年版。

和玲:《艺术品保护中的高分子化合物》,化学工业出版社 2003 年版,第 9 页。

贺克强:《物质呈色机理探讨》,《大学化学》1992 年第 2 期。

侯卫东:《文物保护原则与方法论浅议汇》,《考古与文物》1995 年第 6 期。

胡更生:《胶印印品色偏现象分析》,《印刷平台》2010 年第 6 期。

胡红岩、陈港泉、钱玲等:《NaCl 盐的结晶形态及在莫高窟壁画疱疹病害中的作用》,《自然杂志》2016 年第 1 期。

靳治良、陈港泉、钱玲等:《基于莫高窟成盐元素相关系探究壁画盐害作用机理》,《化学研究与应用》2009 年第 4 期。

靳治良、陈港泉、钱玲等:《莫高窟壁画盐害作用机理研究》（Ⅰ）,《敦煌研究》2008 年第 6 期。

靳治良、陈港泉、钱玲等:《莫高窟壁画盐害作用机理研究》（Ⅱ）,《敦煌研究》2009 年第 3 期。

靳治良、陈港泉、夏寅等:《硫酸盐与氯化物对壁画的破坏性对比研究——硫酸钠超强的穿透、迁移及结晶破坏力证据》,《文物保护与考古科学》2015 年第 1 期。

李春艳、褚夫强:《不同纸张喷墨打样颜色饱和度的研究》,《中国造纸》2010 年第 12 期。

李法虎:《土壤物理化学》,化学工业出版社 2006 年版。

李海河:《磁县宋代壁画墓葬整体搬迁》,《河北日报》2010 年 6 月 16 日第 2 版。

李海艳:《非饱和土壤高温储热过程的实验研究》,硕士学位论文,河北工业大学,2008 年。

李剑平：《扫描电子显微镜对样品的要求及样品的制备》，《分析测试技术与仪器》2007 年第 1 期。

（宋）李诚：《营造法式》，人民出版社 2011 年版。

李实：《对敦煌壁画中胶结材料的初步认识》，《敦煌研究》1993 年第 1 期。

李晓东：《中国壁画史》，北京工艺美术出版社 2012 年版。

李学垣：《土壤化学》，高等教育出版社 2001 年版。

李永辉：《从原址保护到转移保护——日本高松冢古墓壁画的保护之路》，《世界遗产》2015 年第 Z1 期。

李在青、郝月仙：《太原刚玉元代壁画墓搬迁保护》，《文物世界》2016 年第 5 期。

梁运清：《壁画的种类、材料和制作》，《美术》1984 年第 8 期。

刘呆运、赵海燕：《韩休墓出土山水图的考古学观察》，《文博》2015 年第 6 期。

刘广明、杨劲松：《地下水作用条件下土壤积盐规律研究》，《土壤学报》2003 年第 1 期。

刘普幸、安建科：《酒泉市肃州区近 55a 的气候变化特征、突变与周期分析》，《兰州大学学报》（自然科学版）2009 年第 6 期。

刘文兵：《揭取的库伦辽墓壁画搬迁中的保护》，中国文物保护技术协会第三次学术年会论文，杭州，2004 年 5 月。

刘武辉：《印刷色彩学》，化学工业出版社 2004 年版。

刘晓云、岳平、徐殿祥：《酒泉市最近 54a 气温和降水特征分析》，《干旱区研究》2006 年第 3 期。

鲁浩斌、邓丽英：《酒泉市水资源现状及保护调查》，《卫生职业教育》2006 年第 17 期。

马里奥·米凯利、詹长法：《文物保护与修复的问题》，文物出版社 2009 年版。

马琳燕：《〈中国文物古迹保护准则〉在壁画保护中的应用》，《长安大学学报》（社会科学版）2015 年第 4 期。

马清林、陈庚龄、卢燕玲等：《潮湿环境下壁画地仗加固材料研究》，《敦煌研究》2005 年第 5 期。

倪勇、葛承滨、汪万福等:《敦煌莫高窟壁画起甲机理研究》,《现代电子技术》2016年第3期。

潘路:《国外文物保护科技思潮之发展》,《中国文化遗产》2004年第3期。

秦庆戊:《新型光散射材料的研制与开发状况》,《化工新型材料》2000年第4期。

戎岩、李玉虎、王保东:《酒泉西沟四、五号壁画墓病害调研分析》,《陕西师范大学学报》(自然科学版)2015年第3期。

三浦定俊、后德俊:《拉斯科岩洞壁画的保存现状——兼谈高松冢古墓壁画的保存》,《文博》1986年第3期。

《森林土壤pH测定》(LY/T1239 – 1999),中国环境科学出版社1999年版。

陕西省博物馆:《唐李寿墓发掘简报》,《文物》1974年第9期。

史文娟、沈冰、汪志荣等:《层状土壤中砂层层位对潜水蒸发的影响》,《干旱区地理》2006年第2期。

苏伯民、陈港泉:《不同含盐量壁画地仗泥层的吸湿和脱湿速度的比较》,《敦煌研究》2005年第5期。

苏伯民、李茹:《三种加固材料对壁画颜色的影响》,《敦煌研究》1996年第2期。

孙民柱:《西安交大校园西汉壁画墓及其墓主人考证》,《西安交通大学学报》(社会科学版)1998年第2期。

全艳锋:《山东地区古建筑壁画病害形成机理》,《齐鲁艺苑》2014年第1期。

《土工试验规程工程——含水率试验》(SL237 – 003 – 1999),水利水电出版社1999年版。

托拉克、李最雄:《洞窟壁画的环境保护》,《敦煌研究》1987年第2期。

万良兴、田军仓、郑艳艳等:《土壤中水、热、盐耦合运移机理与模型的研究进展》,《节水灌溉》2007年第3期。

汪万福、马赞峰、李最雄等:《空鼓病害壁画灌浆加固技术研究》,《文物保护与考古科学》2006年第1期。

汪万福、马赞峰、赵林毅等:《壁画保护修复工程设计程序的理论实践与应用》，《敦煌研究》2008 年第 6 期。

王丽琴、马珍珍、赵西晨：《关于壁画保护理念的探讨》，《江汉考古》 2012 年第 2 期。

王丽琴、杨璐：《文物保护原则之探讨》，《华夏考古》2011 年第 3 期。

王书文、骆岩红、黄伟等：《敦煌壁画数字图像修复中遇到的挑战》，《西 北民族大学学报》（自然科学版）2009 年第 2 期。

王旭东：《基于中国文物古迹保护准则的壁画保护方法论探索与实践》， 《敦煌研究》2011 年第 6 期。

王旭东、苏伯民、陈港泉等：《中国古代壁画保护规范研究》，科学出版 社 2013 年版。

王自亮、赵恩标、吕银庄等：《粉尘浓度光散射测量影响因素的分析》， 《煤炭学报》2007 年第 6 期。

韦正：《试谈酒泉丁家闸 5 号壁画墓的时代》，《文物》2011 年第 4 期。

魏象：《壁画墓葬保护的浅见》，《东南文化》2005 年第 6 期。

魏智：《浅谈光的衍射、色散和散射的区别》，《数理化学习》2008 年第 3 期。

吴礽骧：《酒泉丁家闸五号墓壁画内容考释》，《敦煌学辑刊》1983 年第 0 期。

吴炜：《传统壁画的制作技法和临摹》，《民间艺术研究》1998 年第 3 期。

吴玉贵：《内蒙古赤峰宝山辽壁画墓"颂经图"略考》，《文物》1999 年 第 2 期。

夏寅：《偏光显微法在颜料研究中的发展现状与趋势》，《文物保护与考古 科学》2008 年第 S1 期。

邢海根：《镜面反射和漫反射》，《中学生理科月刊》1998 年第 17 期。

邢惠萍：《起甲、脱落、酥粉陶质文物胶料彩绘的回位修复研究》，博士 学位论文，陕西师范大学，2010 年。

熊顺贵：《基础土壤学》，中国农业大学出版社 2001 年版。

徐更奋：《如何判断镜面反射与漫发射》，《中学物理》2011 年第 4 期。

许宝哲：《中国墓室壁画发展脉络浅见》，《文物世界》2005 年第 3 期。

薛俊彦：《嘉峪关魏晋壁画墓五号墓的搬迁与半地下复原研究》，《文物保 护与考古科学》1997 年第 1 期。

闫玲:《壁画地仗酥碱病害非饱和水盐迁移试验研究》,硕士学位论文,兰州大学,2009 年。

闫玲、张虎元、吕擎峰等:《洞窟壁画等温吸湿—放湿数理模型》,《敦煌研究》2008 年第 6 期。

严静、刘呆运、赵西晨等:《唐韩休墓壁画制作工艺及材质研究》,《考古与文物》2016 年第 2 期。

《岩土工程勘察规范》(GB50021 - 2001),中国建筑工业出版社 2001 年版。

杨露:《西安建大解决国内首例唐墓壁画整体搬迁难题》,《陕西日报》2016 年 4 月 7 日第 1 版。

杨蕊:《河南登封宋代壁画墓整体搬迁》,《中国文物报》2011 年 6 月 8 日第 1 版。

杨善龙:《敦煌莫高窟崖体中水、盐分布现状初步研究》,硕士学位论文,兰州大学,2009 年,第 15 页。

杨蔚青:《西汉卜千秋墓升仙图壁画起甲病害的保护修复》,《古建园林技术》2006 年第 3 期。

杨文宗:《古代壁画加固工艺》,《文博》1996 年第 1 期。

杨文宗:《唐韩休墓壁画的抢救性保护》,《中国国家博物馆馆刊》2016 年第 12 期。

姚鉴:《河北望都县汉墓的墓室结构和壁画》,《文物参考资料》1954 年第 12 期。

姚黎暄:《非平面类连砖揭取壁画的支撑体病害分析与保护研究》,硕士学位论文,西北大学,2013 年。

叶乐安、刘春平、邵明安:《土壤水、热和溶质耦合运移研究进展》,《湖南师范大学自然科学学报》2002 年第 2 期。

游富洋、崔月娥、徐善良等:《盐渍土中硫酸钠含量的计算方法探讨》,《煤炭工程》2010 年第 7 期。

张丹、张尚欣、夏寅等:《秦陵百戏俑坑土遗址纵向水盐运移的模拟土柱实验研究》,《文物保护与考古科学》2015 年第 S1 期。

张明泉、张虎元、曾正中等:《莫高窟壁画酥碱病害产生机理》,《兰州大学学报》1995 年第 1 期。

张朋川：《酒泉丁家闸古墓壁画艺术》，《文物》1979 年第 6 期。

张晓岚：《塔尔梁五代墓葬壁画现场保护揭取工作的思考》，中国文物保护技术协会第七次学术年会论文，镇江，2012 年。

章钢娅、张效年：《可变电荷土壤中阴离子的吸附》，《土壤通报》1994 年第 1 期。

赵林毅、李黎、樊再轩等：《古代墓室壁画地仗加固材料的室内研究》，《敦煌研究》2016 年第 2 期。

郑若芝、张国钊：《NTA——盐重结晶抑制剂》，《科技教育学报》1992 年第 3 期。

郑岩：《唐韩休墓壁画山水图刍议》，《故宫博物院院刊》2015 年第 5 期。

郑岩：《魏晋南北朝壁画墓研究》，博士学位论文，中国社会科学院研究生院，2001 年。

中国文化遗产研究院：《文物保护科技专辑Ⅲ——高句丽墓葬壁画原址保护前期调查与研究》，文物出版社 2014 年版。

邹桂梅、黄明勇、苏德荣等：《蒸发条件下不同地下水位夹砂层土壤水盐运移特性研究》，《中国农学通报》2010 年第 11 期。

Alessia Artesani, Francesca Di Turo, "Recent advances in protective coatings for cultural heritage—An overview", *Coatings*, Vol. 10, No. 3, February 2020.

Aliatis I., "Green pigments of the Pompeian artists palette", *Spectrochimica Acta Part A：Molecular and Biomolecular Spectroscopy*, Vol. 73, No. 3, August 2009.

Alison S., Clifford P., "Salt damage at Cleeve Abbey, England：Part I：a comparison of theoretical predictions and practical observations", *Journal of Cultural Heritage*, Vol. 6, No. 3, 2005.

Alison S., Clifford P., "Salt damage at Cleeve Abbey, England. Part Ⅱ：seasonal variability of salt distribution and implications for sampling strategies", *Journal of Cultural Heritage*, Vol. 6, No. 3, July 2005.

A Murray. "Materials for Conservation：Organic Consolidants, Adhesives and Coatings", *Studies in conservation*, Vol. 58, No. 1, May 2013.

A. V. Turkington, T. R. Paradise, "Sandstone Weathering：A Century of Research and Innovation", *Geomorphology* Vol. 67, No. 1, April 2005.

Bastian F., "The microbiology of Lascanx Cave", *Microbiology*, Vol. 156, No. 3, July 2010.

Brown P. W., "The distributions of bound sulfates and chlorides in concrete subjected to mixed NaCl, $MgSO_4$, Na_2SO_4 attack", *Cement and Concrete Research*, Vol. 30, No. 10, October 2000.

Cardell C., "Salt-induced decay in calcareous stone monuments and buildings in a marine environment in SW France", *Construction and Building Materials*, Vol. 17, No. 3, April 2003.

Casoli A., "Gas chromatographic-mass spectrometric approach to the problem of characterizing binding media in paintings", *Journal of Chromatography A*, Vol. 731, No. 1, April 1996.

C. Borges, C. Caetano, J. Costa Pessoa, "Monitoring the removal of soluble salts from ancient tiles by ion chromatography", *Journal of Chromatography*, Vol. 770, No. 3, January 1997.

C. Selwitz, E. Doehne. "The Evaluation of Crystallization Modifiers for Controlling Salt Damage to Limestone", *Journal of Cultural Heritage*, Vol. 3, No. 3, September 2002.

Dron J., Linke R., Rosenberg E., "Trimethylsulfonium hydroxide as derivatization reagent for the chemical investigation of drying oils in works of art by gas chromatography", *Journal of Chromatography A*, Vol. 13, No. 1, June 2004.

Emiliano Carretti, Luigi Dei, "Physicochemical characterization of acrylic polymeric resins coating porous materials of artistic interest", *Progress in Organic Coatings*, Vol. 49, No. 3, April 2004.

Encarnacion Ruiz-Agudo, "Sodium Sulfate Crystallization in the Presence of Phosphonates: Implications in Ornamental Stone Conservation", *Crystal Growth&Design*, Vol. 6, No. 7, May 2006.

Fengjie Li, Xudong Wang, "Moisture Adsorption Mechanism of Earthen Plaster Containing Soluble Salts in the Mogao Grottoes of China", *Studies in Conservation*, Vol. 64, No. 2, Novermber 2018.

Francesca Frasca, "A Comprehensive Study of the Microclimate-Induced Conservation Risks in Hypogeal Sites: The Mithraeum of the Baths of Caracalla (Rome)", *Sensors*, Vol. 20, No. 11, June 1999.

Gibson L. T., Cooksey B. G., Littlejohn D., "Characterisation of an unusual crystalline efflorescence on an Egyptian limestone relief", *Analytica Chimica Acta*, Vol. 337, No. 2, January 1997.

Junfeng Li, Xiaoxia Wan, "In Situ Identification of Pigment Composition and Particle Size on Wall Paintings Using Visible Spectroscopy as a Noninvasive Measurement Method", Vol. 70, No. 2, June 2016, p. 70.

Kejia Hu, Chongbin Bai, "A study on the painting techniques and materials of the murals in the five northern provinces' assembly hall, ziyang", *Heritage Science*, Vol. 1, No. 1, May 2013.

Lourens A. Rijniers, "Salt crystallization as damage mechanism in porous building materials-a-nuclear magnetic resonance study", *Magnetic resonace imaging*, Vol. 23, No. 2, June 2005, p. 273. 2005, 23 (2).

Mazzero R., Joseph E., Minguzzi V., "Scientific investigations of the Tokhung-Ri tomb mural paintings (408 A. D.) of the Koguryo era, Democratic People's Republic of Korea", *Journal of Raman Spectroscopy*, Vol. 37, No. 2, April 2006.

M. Unoki, I. Kimura, M. Yamauchi, "Solvent-soluble fluoropolymers for coatings—Chemical structure and weatherability. Surf. Coatings Int. Part B Coat. Trans", Vol. 85, No. 83, September 2002, p. 85.

Niels T., Sadananda S. "Mechanism of concrete deterioration due to salt crystallization", *Materials Characterization*, Vol. 53, No. 2, November 2004.

N. Tsui, R., "Crystallization Damage by Sodium Sulfate", *Journal of Cultural Heritage*, Vol. 4, No. 2, April 2003.

Peng Fu, Ge-Le Teri, Xiao-Lian Chao, "Modified Graphene-FEVE Composite Coatings: Application in the Repair of Ancient Architectural Color Paintings", *Coatings*, Vol. 12, No. 10, November 2020.

P. S. Griffin, N. Indictor, R. J. Koestler, "The biodeterioration of stone: a review of deterioration mechanisms, conservation case histories, and treatment", *International Biodeterioration*, Vol. 28, No. 1, April1991.

Quanquan Jia, Wenwu Chen, Yanmei Tong, "Experimental Study on Capillary Migration of Water and Salt in Wall Painting PlasterA Case Study at Mogao Grottoes, China", *International Journal of Architectural Heritage*, Vol. 16, No. 2, May 2022.

Raphael A., Wust J., "The Origin of Soluble Salts in Rocks of the Thebes Mountains. Egypt: The Damage Potential to Ancient Egyptian Wall Art", *Journal of Archaeological Science*, Vol. 27, No. 2, January 2000.

Raphael A. J. Wüst, Christian Schlüchter, "The Origin of Soluble Salts in Rocks of the Thebes Mountains, Egypt: The Damage Potential to Ancient Egyptian Wall Art", *Journal of Archaeological Science*, Vol. 27, No. 12, December 2000.

Rodorico Giorgi, Michele Baglioni, Debora Berti, "New methodologies for the conservation of cultural heritage: Micellar solutions, microemulsions, and hydroxide nanoparticles", *Accounts of Chemical Research*, Vol. 43, No. 6, March 2010.

Rodorico Giorgi, "Nanoparticles of calcium hydroxide for wood deacidification: Decreasing the emissions of organic acid vapors in church organ environments", *Journal of Cultural Heritage*, Vol. 10, No. 2, June 2009.

Rodriguez C., "Influencing crystallization damage in porous materialsthrough the use of surfactants: experimental resultsusing sodium dodecyl sulfate and cetyl dimethylbenzylammonium chloride", *Langmuir*, Vol. 16, No. 1, September 2000.

Rodriguez-Navarro C., Doehne E., "Salt weathering: influence of evaporation rate: super saturation and crystallization pattern", *Earth Surface Processes and Landforms*, Vol. 24, No. 3, July 1999.

Scuherer G. W. "Stress from crystallization of salt", *Cement and Concrete Research*, Vol. 34, No. 9, January 2004.

T. S. Umesha, S. V. Dinesh, "Lime to improve the unconfined compressive strength of acid contaminated soil", *International Journal of Geology*, Vol. 7, No. 2, June 2013.

Wellman, H. W. , A. T. , Wilson, "Salt weathering: A neglected geological e-rosive agent in coastal and arid environments", *Nature*, Vol. 4976, No. 205, March 1965, p. 205 (4976).

Welter N. , Schussler U. , "Characterisation of inorganic pigments in ancient glass beads by means of Raman microspectroscopy, microprobe analysis and X-ray diffractometry", *Journal of Raman Spectroscopy*, Vol. 38, No. 3, August 2007.

Yan Song, Feng Gao, "A technical study of the materials and manufacturing process used in the Gallery wall paintings from the Jokhang temple, Tibet", *Heritage Science*, Vol. 18, No. 6, March 2018, p. 6.

Yidong Zhang, Julin Wang, "Integrated Analysis of Pigments on Murals and Sculptures in Mogao Grottoes", *Analytical Letters*, Vol. 48, No. 15, July 2015.

Yuanyuan Zhang, Xuanhua Li, Jinmeng Zhu, "Hybrids of cnts and acrylic e-mulsion for the consolidation of wall paintings", *Progress in Organic Coatings*, Vol. 124, No. 2, November 2018.

Zehnder K. , "Long-term monitoring of wall paintings affected by soluble salts", *Environmental Geology*, Vol. 52, No. 2, January 2007.

Zhimin Li, Lele Wang, "A scientific study of the pigments in the wall paintings at jokhang monastery in lhasa, Tibet, China", *Heritage Science*, Vol. 21, No. 2, June 2014.